重新詮釋《測字秘牒》，借鑑古代觀人智

描繪當代心理的符號圖譜

測字心理學

字形、潛意識與人生的關聯解碼

程省 原著 顧玄一 改編

結合文字學、心理學與象徵解讀

揭示字形背後的潛意識

| 洞察筆畫結構的微妙關聯，開啟命運與性格的對話 |

目錄

編譯者序：
從象形到心象——
解構《測字秘牒》的現代心理詮釋之路

清代的《測字秘牒》由程省撰寫，是一部兼具文學性、象徵性與玄學色彩的經典測字文獻。在那個語言仍與天命密不可分的時代，文字不只是書寫工具，更是對天命、人性與命運之動態書寫的展現。而今，距離其初刊已逾數百年，漢字依然是東亞文化中的精神載體，只不過人們對於「命運」與「解析」的需求，早已從預言轉向認知、從宿命走向自覺。

本書即在這樣的背景下誕生——我們希望透過現代心理學觀點，重新解構並詮釋這部古老測字經典，讓讀者在符號閱讀的過程中，不是為了探知未來，而是為了更深入理解自我。

◎測字，不只是迷信的遺緒

在傳統文化中，測字往往與命理、卜卦、籤詩並列，屬於術數的一支，承襲《說文解字》之流變，借由文字結構中的象形、會意、形聲、部件關係，發展出一套具有符號性與象徵力的解釋系統。但它也長期受到「迷信」、「無學理基礎」的質疑。這些質疑固然有其歷史脈絡，但若僅止於否定，我們將錯失一種極具文化價值與心理潛力的工具。

心理學家榮格（Carl Jung）曾指出，人類對符號的渴求與理解，是心理結構與集體潛意識的核心表現。無論是神話、夢境還是語言，我們都在透過象徵來理解世界與自我。若從此脈絡觀看，測字不僅僅是術數，更是早期東亞文化中一種非正式但深具心理結構意義的「語言－心理－命運」三元象徵模式。

◎結合象徵與心理的詮釋轉向

本書在重新編撰《測字秘牒》時，不是單純地翻譯或現代語化，而是以「當代表達如何與古典思想交會」為思考主軸，嘗試將測字視為一種符號敘事的心理實踐工具。在這個基礎上，我們融入了象徵閱讀、潛意識圖像、語境構成與書寫療癒等理念，讓測字成為一種具備現代意涵的深度閱讀形式。

舉例來說，傳統對「水」字多有情緒起伏、財富流動等連結，在本書中，我們不再簡單地以此判定吉凶，而是探問：個案是否在經歷情緒的漂浮與潛藏？是否有潛在未被命名的生命動力正在湧現？如此不僅轉化了詮釋的語氣，也避免了單向式命定論的結構。

◎測字不僅是觀看，更是參與

本書的設計並不只是傳授一套「如何解字」的技術，而是建立一種「如何與字共感」的對話方式。這不只是閱讀文字，而是讓文字反映、引導、打開個人的心理歷程。換句話說，測字不再是從他者身上獲得答案，而是藉由文字召喚內在自我，並參與其理解與修復。

因此，本書所展開的六大章節，也正對應著這樣的精神：從「字的拆解」到「書寫姿態」的觀察，從「單字心理」到「雙字關係」的互動，從「生活實用」到「書寫療癒」的轉化，整體環環相扣，意在幫助讀者建立一套屬於自己的漢字心理實踐體系。

◎古籍不老，語言不死

作為一部重構之作，我們自知風險與挑戰並存。對於傳統術數的尊重，我們始終以「文獻與心理並行」為原則，避免將經典濫用為現代工具化說明；但也不拘泥於古義，而是勇於開創新詮釋的路徑。每一個字、每一個拆解、每一種筆勢與組合，我們都視為一次潛意識的隱喻展演。

在這樣的基礎上，本書既是一份編譯工作，也是一次文化想像實驗。它邀請我們重新與漢字建立親密關係，邀請我們讓文字成為心靈的鏡子，而非命運的鎖鏈。

◎書寫自我，釋放潛能

我們常說，文字有力量。在這裡，這句話不只是比喻，而是信念。當你在一張白紙上寫下一個字，那不是靜止的圖形，而是一段對話的起點，是你對當下狀態的召喚、釋放與轉化。

測字之術，其實是測心之道。願這本書能為你開啟一場文字與生命交會的旅程。讓每一個字，成為一盞燈，照見更真實的你。

第一章
字中藏意：從象形到心象

第一節　測字的起源與文化背景

漢字為什麼能測命？文化與信仰交織的脈絡

在人類歷史中，語言的誕生是為了溝通，而文字的出現，則是為了保存與傳達。漢字的特殊之處，在於它不是純粹的拼音符號，而是一種兼具象形與抽象意涵的「圖像符碼」。換句話說，每一個漢字不只是語言的代表，同時也承載了文化的象徵與心理的聯想。這種文字結構，為「測字」這門古老技藝提供了深厚的文化基礎。

根據清代文獻《測字秘牒》的記載，測字一術最早可追溯至東漢末年，並在唐宋之際進入民間，逐漸發展出結合卜筮、五行與心理象徵的解讀體系。許多測字師傅常說：「字是命中之影，命為字中之根。」這句話指出了測字的核心思想——每一個人所寫的字，都能在不自覺中透露出內在心理、個性走向，甚至是命運節點。

漢字結構的特殊性是關鍵

與西方拼音文字不同，漢字是一種形音義三位一體的系統。例如「心」字在形上像一顆心臟，在音上與「欣」等字產生聯結，在義上則代表感情、情緒、核心。這使得一個字在被書寫、觀看、解讀的過程中，既能引發文化記憶，也能觸動潛意識情緒。

心理學家卡爾．榮格（Carl Jung）曾提到：「象徵能穿越意識與潛意識之間，讓內心的投射形成一種外在可見的形象。」漢字本身，就是極為複雜與深刻的象徵體。因此，測字不只是算命，而更像是一種透過字形觀察內在世界的「心理符碼學」。

從象形文化到心理解讀的演變

在古代，人們常相信名字與字形會影響命運。《論語．子路》提到「名正言順」；《說文解字》的作者許慎透過分析字形與構造，嘗試揭示古人對自然與人文秩序的理解，展現出漢字背後的宇宙觀與思想體系。這種以字構通天人之道的觀念，使得「測字」逐漸從宗教儀式中獨立出來，成為一種半哲學、半占卜的特殊知識。

明清時期，市井間常見街頭「測字攤」，多設於廟前或街角，不問生辰八字，只憑一字便能推演吉凶禍福，頗受庶民信仰青睞。這樣的技藝結合了民俗信仰與直觀聯想，也隱約呼應了現代心理學中的「投射測驗」（projective test），例如墨漬測驗（Rorschach test），透過模糊圖像啟動潛意識反應。

現代心理學對測字的啟發與挑戰

今日，我們不再以「天命」或「神明旨意」來理解一個人是否會成功，但我們卻仍然受到名字、筆跡、書寫形式的影響。例如筆跡學（graphology）就是一門分析書寫風格與性格關聯的學問。許多企業在招募人才時，也會無意識中參考書寫印象判斷性格。

測字雖非科學，但它本質是一種文化心理投射的技藝。它將漢字這套系統，視為一種心靈映照與意象轉化的媒介。就像一面鏡子，透過字形反映出人的信念、焦慮與期望，也因而在今日社會中，仍具有某種程度的心理輔助與文化療癒價值。

字，是潛意識的印記

測字之術的魅力，不在於它能「預言未來」，而在於它讓我們在觀察一個字的過程中，重新凝視自己的內在世界。從古人對字的尊重，到今日對心理書寫的探索，漢字早已超越語言工具的角色，成為一種文化記憶與心靈映照的媒介。

第二節　漢字結構與意象解讀

筆畫與構造：文字中的宇宙秩序

漢字是世界上少數兼具形、音、義的文字系統，每一筆、每一畫，都不只是結構的組成，更是一種文化的堆疊與象徵的累積。例如「山」字，三筆中峰高兩旁低，從結構來看宛如三座山峰的剪影；又如「水」字，中央流線兩側分支，彷彿水流分岔之勢，顯示出自然物象的抽象化。這些筆畫的安排不僅符合人類直覺，也暗合中國傳統「天人合一」的宇宙觀。

部首的心理投射功能

漢字常以「部首」為基礎分類，不僅有助於理解意義，也代表著某種心理象徵。例如「心」部字多與情緒、感受有關，如「恨」、「愛」、「思」、「怒」；而「木」部字則多與成長、結構有關，如「林」、「根」、「柱」、「橋」。這些部首本身就像「心理的信號」，一出現就引導人進入特定的解讀模式。

美國心理學家喬治．凱利（George Kelly）曾提出「個人建構理論」，認為人們透過一套固定的符號與概念來建構現實世界。漢字的部首結構，即是一種文化與心理交織的建構工具，人們依賴這些符號來閱讀世界、解釋他人、認識自己。

拆字術：從整體到細節的剖析思維

測字中最常見的技法之一，就是「拆字」。例如「問」字拆為「門」與「口」，表示人站在門前張口發問；又如「悔」字拆為「每」與「心」，可理解為「每每在心中反省」。這種從整體拆解成部件的方式，有助於發掘潛在意涵，也契合現代心理分析中「解構式閱讀」的方式 —— 透過逐層剖析，讓原本平凡無奇的字，展現出多重意義。

字形與五行的隱喻關係

中國古代哲學中，五行（金木水火土）代表了宇宙運行的基本元素。許多測字師會依據字形中出現的象徵，來對應五行。例如直筆多、剛硬的字象徵「金」，像「針」、「鋼」；橫筆延展、線條柔和的字象徵「水」，如「清」、「海」；結構平穩、形態飽滿者則歸為「土」，如「城」、「堅」。透過這些五行對應，可以判斷出此字與當事人命盤或生活狀況的呼應程度。

心理學中的象徵閱讀與直覺推理

字形與象徵的聯想機制，也與榮格所提出的「集體潛意識」相互呼應。榮格認為人類共有一套跨文化、跨時代的象徵系統，例如圓代表完整，尖形代表衝突。漢字本身就是東方文化中最具代表性的集體象徵庫。當一個人看到某個字時，他的心理會自動喚起與該字有關的情緒、經驗與文化記憶，進而影響對該字的解讀。

這也就是為什麼，有些人在看到「死」這個字時會感到壓力，而看到「福」這個字時則產生安心。因為這些象徵已經深植於集體潛意識之中。

文字，是被解讀的鏡像，也是內心的延伸

漢字作為測字的媒介，其作用遠超過一般語言功能。它不只是用來溝通，更是一種可被觀看、可被拆解、可被象徵的「心理工具」。每一筆、每一畫、每一部件，都有機會成為通往潛意識的橋梁。透過這樣的理解，我們得以將一個看似簡單的字，轉化為對個人命運與心理狀態的深度探索。

第三節　字音與吉凶的聯想邏輯

聲音也是命運的線索：從語音到語意的連結

在漢字測字的傳統中，不只是字形能透露玄機，字的發音與語音聯想，也常被視為吉凶徵兆的重要線索。語音不只是傳達訊息的工具，更是一種心理感受的觸媒。當我們說出某個字時，它所引起的諧音、感覺與節奏，也會潛移默化地影響我們對該字的判斷與反應。

中國傳統文化素有「言出有聲，聲出有形，形中有命」的說法，這正是將聲音與命運相連的根據。聲音既能震動空間，也能牽引心理情緒，在測字中便發展出一套「聽音測義」的技巧。

諧音文化：從迴響到象徵

舉例來說，「升」音近「勝」，常被視為向上、晉升之象；而「病」音近「並」，有雙重壓力或災厄之意。在年節或婚慶場合中，大家特別避免出現「死」、「散」、「輸」等語音不吉的字眼，反而偏好「發」、「旺」、「喜」這些聽來喜氣的詞彙。

這樣的語音聯想，不只是表面巧合，更深層地反映出文化語境中的「聲象心理學」。諧音其實是一種象徵連結的捷徑，讓人們在無意識中將一種聲音對應到一種心理狀態或生活願景。

名字中的語音命理學

在姓名學中，聲調的搭配也是一門大學問。一般認為平聲（第一聲、第二聲）代表穩定與順利，仄聲（第三聲、第四聲）則可能帶有波折與挑戰。許多家長在為孩子取名時，會特別注意整體語音的韻律是否流暢、是否具備上揚的節奏感。

此外，有些名字雖然筆畫吉利，字義美好，但若唸起來諧音不佳，反而會帶來負面聯想。例如「冠軍」若唸成「棺軍」，或「韻婷」音同「孕停」，都會讓人心中產生不安與排斥。這些語音反應正是測字中重要的心理參照依據。

心理暗示與語音催化效應

語音對情緒的影響，其實在心理學上早有研究依據。根據行為心理學家艾伯特·麥拉賓（Albert Mehrabian）的研究，在表達情緒態度時，人與人之間的溝通效果中，有約三成來自聲音的語調與語速，遠高於語言內容本身所占的比例。因此，字的發音與語調，也會在人際互動中成為心理暗示的媒介。

有些字本身並無吉凶，但因其音高、節奏與語境相合，會被賦予某些暗示效果。例如「叩」這個字，音調短促有力，常被用來象徵敲門、開始行動；而「懷」則語調綿長，有包容與回憶之意。這些語音帶來的心理感受，會直接影響一個人在測字時的解讀偏好與象徵判斷。

語音象徵的文化變遷與地區差異

語音聯想也會因時代與地域而有所不同。臺灣民間信仰中，「四」字因音近「死」，常被視為不吉；但在某些客家地區，則不避此字，反而重視其對稱美感與四方穩固的象徵。在香港，「八」因為音近「發」而極受歡迎，但在日本則可能毫無特殊意義。

這說明測字中的語音判讀，並非普世真理，而是與語言文化、歷史經驗與社會情緒密切相關。字音的吉凶，不只是聽覺現象，更是一種深層文化心理的映照。

聲音，是字的靈魂，也是測字的隱形筆畫

綜觀而言，聲音在測字中如同一道看不見的筆畫，為整體字意添加了情緒與象徵的色彩。它既非實體，也非虛幻，而是一種介於語言與心象之間的「心理共鳴區」。當我們透過語音感知文字，不只是聽見聲音，而是感受到潛在的情緒波動與命運象徵。

字的聲音，會說話，也會讓人沉思；它是測字裡最柔軟卻也最具影響力的一筆。

第四節　字意聯想與心理暗示

字不只是符號，更是心理的觸媒

當我們看到一個字的瞬間，心中所浮現的不只是語意，更可能是一連串情緒、記憶與想像。這種現象在心理學中被稱為「意象聯想」(image association)。字的意義不只存在於辭典裡，更根植於文化經驗與個人潛意識。測字術正是利用這種字與心理的連動關係，來推測一個人目前的狀態與未來的趨勢。

例如一個人寫下「橋」這個字，某位測字師可能會說:「你正在經歷人生轉換期，內心想跨越一段過去的困境。」這種解讀並非來自「橋」的單一語意，而是基於它在文化與心理中的象徵位置——橋是連結、是轉變、是通向另一端的意象。

從符號解讀到內在反映

心理學家赫曼．羅夏克(Hermann Rorschach)設計的墨漬測驗，是一種以模糊圖像誘發個人潛意識反應的工具。測字某種程度上也是如此，字是一種較為具象的刺激，但當它被書寫出來時，仍會根據個人當下的心理狀態，引發特定聯想。

若一個人頻繁寫出「閉」、「墜」、「落」、「暗」等字，測字師可能推測其心理傾向較為壓抑；相反地，若出現「升」、

「耀」、「啟」、「興」，則較傾向正向與成長狀態。這些字不單是文字，而是情緒的投射容器。

文字作為自我揭露的窗口

許多當代心理治療也已將書寫納入療癒工具，稱為「書寫治療」(writing therapy)。個體在無意識中選擇的字詞，會反映其內在價值觀與未竟情緒。測字便是這類書寫觀察的前身與變形：當一個人被請求隨意寫下一個字，這個字就成為他內心深處某段情緒或焦慮的縮影。

心理學家潘尼貝克(James Pennebaker)的研究指出，透過自由書寫個人情緒與經驗，有助於釋放壓力與修復心理創傷，因為人們在書寫時所選用的詞語往往能揭示其內在情緒與思維模式。測字師憑藉對文化語義與心理象徵的理解，可以從一字看出對方內在未被說出口的焦慮、期待與疑問。

集體潛意識中的字意共識

某些字因為文化背景而具有高度的象徵性，幾乎成為「共識性暗示」。例如「福」與「壽」代表吉祥與長壽，「死」與「病」代表終結與風險。這些字彷彿自帶心理能量，能立刻喚起情緒共振。榮格的集體潛意識理論說明，某些象徵原型(archetypes)會在不同時代、不同文化中重複出現，顯示出人類共同的心理結構。

因此，測字師在解讀時並非單憑直覺，而是建立在這種集體象徵系統之上。這讓測字不只是個人閱讀的技藝，也是一種文化記憶的提取。

暗示與回應的心理迴路

值得注意的是，測字本身也可能成為一種心理暗示。一位測字師若告訴對方：「這個字暗示你近期會有變動」，對方往往會在後續生活中更敏銳地注意任何變化，這是心理學上的「自我應驗預言效應」（self-fulfilling prophecy）。

因此，負責任的測字師會留意措辭與語境，避免將可能性絕對化，並強調字的象徵性而非命定性。好的測字解讀者，更像是心理鏡像的引導者，而非未來的預言者。

字是情緒的縮影，也是自我對話的載體

在測字的語境中，每一個被書寫的字，不只是語言的符號，更是情緒的折射、信念的凝結與願景的影子。透過這些字，人們其實在與自己對話 —— 說出未說之言、認出未察之情、看見未明之路。

測字的真正價值，不在於斷言未來，而是喚起人對自身狀態的覺察與反思。字，是靜默的告白，也是內心的指南。

第五節　字的拆解法與組合法則

從拆中見意：文字內部的結構轉譯

在測字的技巧中，「拆字」與「組字」是最關鍵也最具變化性的核心技法。所謂「拆字」，是將一個完整的字分解為多個部件，從中解析出潛藏的含義；而「組字」則是反過來，將多個字或部件合併成新的字，藉此觀察其交互作用與轉化意象。

例如「問」字，可拆為「門」與「口」，代表開口發問，或有事需打開心門、探尋答案；「悶」字則是「門」中藏「心」，意指心被門所困，象徵壓抑與封閉。這種以形視義的方式，不僅直觀，也符合人類直覺對圖像的聯想能力。

拆字如拆夢：部件之間的心理語言

每個字的組合都像是一場夢的建構，充滿象徵、比喻與非線性邏輯。當我們拆解一個字時，其實是在重新排列內在心理語彙。以「想」為例，拆為「相」與「心」，可以解讀為「心中掛念著影像」，或是「心靈對映的對象」。

這些部件本身往往就具有獨立意義，當它們重組在一起時，所構成的象徵意涵也會相應轉變。心理學家哈羅德·凱利在其歸因理論中指出，人們傾向透過線索關係來推斷行為背後的原因。若從這一觀點延伸，測字作為一種文化實踐，也可被視為人們運用符號與線索組合，建構意義與預測未來的一種知覺模式。

組字中的關係與對話

相較於拆字從內部挖掘潛義，組字則更偏向建立「關係模型」。例如「信」由「人」與「言」組成，象徵「人的言語有信用」；「休」由「人」與「木」組成，意指「人靠在樹上休息」。這些看似簡單的構造，其實深植於文化經驗中，並延伸至行為價值與社會觀。

在測字時，如果某人寫下兩個字，測字師可能不只是逐一拆解，而是觀察兩字之間是否可以形成新的組合或關聯。例如「日」與「月」成「明」，代表內外照亮或事情即將明朗化。

重組的方向也有含義：順序與位置的重要性

在組合的過程中，部件的排列順序也有象徵差異。以「君」與「心」來說，若「君」在前，「心」在後，可視為權威主導情感；若「心」在前，「君」在後，可能暗示情感影響判斷。這與心理學中的「語序效應」（order effect）不謀而合，即順序本身會影響意義的接收。

此外，在某些情況下，測字也會考慮「部件位置」象徵的象徵性質 —— 例如「上方」常對應天或目標，「下方」則象徵基礎或無意識；「左側」象徵過去，「右側」暗示未來。這些空間邏輯為測字提供更立體的解釋工具。

拆與組，是一場關於可能性的心理演練

測字的「拆與組」技巧，從字形出發，延伸至語義、象徵與心理，實則是一場對可能性的探索演練。它不僅是對字形的操作，更是對自我、他人與命運的重新拼湊。

拆開一個字，是讓固有概念解構，讓潛在訊息浮現；而重新組合，則是將生活經驗與心理圖像再次整合，產生新的意義。在這過程中，我們看見的不只是字的結構，而是意義的流動與變化，是語言如何反映生命狀態的動態歷程。

字，不只是靜態形體，而是動態思維的交錯場

從「門中有心」到「人言為信」，每一次的拆與組，其實都是一次與自我對話的契機。在漢字世界裡，字不是靜止不動的符號，而是會呼吸、有情緒、能變形的象徵生命體。透過這些結構的拆解與重組，我們不只是在讀字，而是在理解人心、命運與可能性。

第六節　筆畫順序對測字的影響

筆順不是技術細節，而是心理軌跡的映射

在一般書寫教學中，筆畫順序被視為正確書寫的規範工具，但在測字的語境中，筆順其實承載著更深層的心理意涵。寫字的順序，如同一種個人行動模式與思考結構的縮影，能反映出當事人的性格特質、情緒傾向，甚至當下的心理狀態。

以「心」字為例，標準筆順是先橫再撇再點。若有人反其道而行之，先點再橫，有可能代表其思維方式不循常理，偏向直覺、感受性強，但也可能顯示其焦慮或急於表達的心情。

筆畫起筆的方向與心理慣性

心理學研究指出，人們在進行任何動作時，會傾向依循習慣路徑與個人偏好。筆畫的起始點與行進方向，常與書寫者的潛在焦點有關。例如傾向自左而右書寫的人，通常比較外向、具計畫性；而喜歡自上而下完成主要結構者，可能重視整體感與規律性。

這些書寫軌跡如同「行為地圖」，在無聲中呈現出一個人的內在節奏與心理節點。測字師往往會觀察筆順的順暢度與方向，判斷其與生活中行動邏輯是否一致。

筆順中的停頓與反覆，是情緒的警訊

在實際測字過程中，一個人書寫時若出現筆畫的遲疑、反覆補筆、或頻繁修正，往往不是單純技巧問題，而是心理壓力的外顯。這些非語言的訊息，能傳遞出焦慮、懷疑或內在不穩定的狀態。

筆畫中的停頓，尤其發生在字的中段或轉折處，常顯示個體在面對人生重要選擇或情感難題時的猶疑。例如書寫「轉」字時在「專」的部分停頓過久，可能隱喻其對某項決策仍未下定決心，或對未來方向存有懷疑。

順與逆：從筆順中看思維方向

標準筆順通常代表社會主流價值觀的順從與結構性，而偏離標準的筆順，則可能反映個體對秩序的挑戰或內在的反動能量。這並非單純是「對」或「錯」的問題，而是個體與文化秩序的心理互動。

舉例來說，「義」字標準筆順為上部「羊」後寫下部「我」，若有人先寫「我」再補「羊」，可被視為「以自我為先」的心理模式，在解讀中可能引申為當下狀態自我主張強烈、較少考量他人或社會框架。

筆畫的快慢節奏，透露心理節拍

書寫節奏的快慢，同樣能呈現一個人內在情緒的律動。書寫快速且流暢者，多半思緒明快、信念堅定；書寫緩慢且筆勢斷續者，則可能處於思考過多、憂慮或缺乏動能的心理狀態。

有些測字師甚至會在受測者寫字時不發一語，只觀察其筆畫節奏與施力強度，從中歸納出其目前心理狀態的主旋律。這種做法近似於心理動作觀察法，結合行為科學與象徵詮釋。

筆順的象徵性：從行為動作到命運流向

測字不僅關心「寫了什麼」，更關心「如何寫」。筆畫順序的安排如同命運的鋪陳 —— 先寫外圍，再寫核心，或先寫結尾，再補開端，都可能象徵著當事人對未來、過去與當下的心理定位。

例如有人在書寫「態」字時，先寫上部「能」的結構再補寫「心」部，這種筆順安排可視為一種心理暗示：先完成表現、能力與外在形象的部分，才回到內在感受，或許代表當事人重視外在行為的合理性與社會角色的期待；若反過來，先寫「心」再建構「能」，則可能象徵其目前處於以情感為主導的思維模式，決策更受到主觀感受或情緒狀態影響。

筆順，是觀看心理的另一雙眼

當我們將筆順視為一種心理行為軌跡，它便超越了書法的範疇，進入了心靈觀察的領域。每一筆落下的順序，不只是技術表現，而是一種內在節奏與價值排序的外顯。

測字之所以迷人，正在於它結合了視覺、語言與行為三者，成為一面多維的心理鏡子。而筆順，正是那條通往理解的隱形小徑，靜靜地告訴我們：寫字的方式，其實就是思考與生活的方式。

第七節　常見生活字的深層意義

日常用字，藏著無聲的情緒與命運

在測字的實務應用中，最常被要求解讀的，往往不是冷僻艱深的文字，而是那些我們每天都會書寫、閱讀，甚至無意識中重複使用的日常字彙。這些字因為頻繁出現，早已內化成為我們心理與文化的一部分。從測字角度來看，正是這些「看似平凡」的字，最容易反映出潛藏的情緒變化與命運節奏。

例如「家」、「人」、「心」、「錢」、「路」、「安」這些字，結構清晰，語意明確，卻能在不同時空下，激發出不同象徵意涵。當一個人主動寫下「路」這個字時，可能代表他正在思考人生方向、選擇或離開；寫下「錢」字者，則多與財務焦慮或期待有關。

「家」字的安全需求與情感依附

「家」字由「宀」與「豖」組成，「宀」代表屋頂，「豖」為家豬，象徵家庭空間的安全與供養。當測字中出現「家」這個字，通常與個體對穩定、庇護與歸屬感的需求有關。若字跡偏大、撇捺強烈，可能代表書寫者當下對家庭議題抱持強烈情感；若字形飄移、結構不穩，可能暗示其內心的家庭失衡或依附失落。

「人」字透露自我定位與他人關係

作為最基本的象形文字之一，「人」字呈現出前傾、互撐之姿，也有心理學上「傾向投入」的象徵。若此字出現在測字中，往往引導測字師去注意書寫者的人際關係狀況、社會互動壓力、或孤獨與接納之感。寫得特別直挺，代表其對自我要求高；若寫得像左倒或右傾，可能反映其社會適應的不穩或角色失衡。

「心」字的情緒指數與自我揭露

「心」是最具心理象徵的字之一。在測字中，「心」的出現常與情緒壓力、內在糾結、自我感受有關。寫得筆畫均勻者，可能情緒穩定；若三點不等距、落筆忽快忽慢，則可能有情感壓抑或內部衝突之跡。這與心理學中情緒外顯與書寫風格之間的相關性有高度對應性。

「錢」與財務焦慮的象徵結構

「錢」字左為「金」，右為「戔」，「戔」在古文中意指削減、微薄，常用來形容事物的淺少或力量之減弱。這結構本身就暗藏張力，一方面有金屬與財富象徵，一方面又有分散與削減的意味。若此字書寫重於左輕於右，可能代表當事人正處於資源掌握與支出焦慮之間；若整體結構渙散，可能呈現財務狀況失控或規劃模糊的心理寫照。

「路」是選擇，也是對未來的投射

「路」字由「足」與「各」構成，「足」為行動，「各」為方向。書寫此字者，多半正面臨某種選擇、轉折，或對未來感到模糊與猶疑。若筆畫筆直、步伐穩健，代表其目標明確；若字形拖曳、轉角偏急，則可能透露出行動遲疑或方向不定。

「安」字與內在安全感的微妙牽動

「安」字結構為「宀」與「女」，古意象為「女性在屋簷下」，代表平穩、安全、柔順與照顧。當此字被書寫時，常代表對安全感、歸屬與關係中的穩定性有強烈渴求。若書寫時筆畫流暢、重心居中，通常代表內在平和；若左右失衡、撇過長或「女」部歪斜，則可能暗示內心的焦慮或家庭不安。

生活字，是命運與情緒的心理投影板

測字並不總是依賴複雜的字根或稀有的語義，大多時候，最直觀的訊息就藏在我們每日接觸的常用字中。這些字如同一面心理投影板，將潛藏的欲望、焦慮、愛與期待無聲地呈現出來。

當一個人選擇書寫某個日常字時，其實就已經在進行一種無意識的心理揭露。而測字師的工作，就是從這些字的細節裡，看見那條尚未被說出口的情緒線索與命運軌跡。

第八節　字中看婚姻與感情流年

感情命運的象徵線索，藏在筆畫之間

在傳統測字術中，感情與婚姻是最常被詢問的問題之一。許多人在感情糾葛、婚姻未決或尋找伴侶的時刻，會透過書寫一字，期待從中尋得情感線索或未來方向。雖然測字不等同算命，但它確實能從書寫字跡中揭示當下心理狀態與情感流向。

漢字的形、音、義結合出一套深層象徵系統，而情感與親密關係常在其中占據重要位置。透過字的拆解、組構、筆畫走向與象徵聯想，測字師能辨識出當事人情感關係的焦點、壓力點與可能的流年變化。

「緣」與「分」的文字密碼

「緣」字左為「糸」，右為「彖」，象徵線索相連、命運糾結；「分」字則由「八」與「刀」組成，意指割開、分離。當書寫者選用這些字時，測字師往往會聚焦於關係的連結與斷裂特質。

若「緣」字中「糸」筆畫連續、筆意柔順，顯示當事人對感情關係的期待仍強，願意經營聯繫；若筆勢斷裂、糸部零散，可能顯示目前正處於感情疏離期或緣分即將中斷。

「分」字若筆畫穩健、呈現分明結構，可能代表當事人已在心理上做好分手或關係轉向的準備；若字形搖擺、左右不齊，反而透露出內心掙扎與不捨。

「愛」與「情」的結構密語

「愛」字含「心」，上部為「爫」與「冖」，下為「夂」，表示愛是一種需要包裹、關心與陪伴的情緒活動；而「情」字由「忄」與「青」組成，「青」在古義中象徵清新與理性。

測字中，若一人書寫「愛」字時「心」部筆勢柔和、比例居中，表示其情感表達自然流暢；若「心」部過小或筆意緊繃，可能意味情感壓抑或心門未開。若「夂」字歪斜或被省略，則代表情感支持系統的不穩或關係裡的信任問題。

至於「情」字，「忄」部書寫流暢，代表情緒穩定；若「青」字部分筆勢破碎、筆畫遲疑，可能表示感情中的理性已被情緒淹沒，或處於曖昧不明的狀態。

書寫「單人旁」與「雙人旁」的潛意義

在中文部首中，「亻」與「彳」常與人際與感情有關。「伴」、「侶」、「依」、「從」等字的部件若反映出異常筆勢或結構異變，可能顯示關係中角色扭曲、依附失衡或獨立困難。

特別是在書寫「侶」字時，「亻」若明顯偏細或與「呂」不對稱，測字師會懷疑書寫者在人際關係中感受到孤單，或其在情感關係中習慣自我縮小、委曲求全。

從字中觀察情感中的主動與被動

筆畫的走向與出力常暗示關係中的主動性。例如寫「追」字時，「走」部快速而重，「𠂤」部輕弱，可能象徵追求者意願強烈而對象冷淡；反之亦然。

同樣地，書寫「等」字若「竹」部工整而「寺」部潦草，可能意味等待已成壓力；若「寺」部特別突出，可能表示當事人對穩定關係的渴望高於現實掌握感。

字的結構是否「成對」，也是關係狀態的提示

某些字具有明顯對偶結構，如「朋」、「合」等。若左右筆畫平衡，則象徵互動穩定；若一邊偏大或明顯塌陷，則可能暗示關係中一方付出過多、一方缺席或關係失衡。

書寫「合」字時，若「口」部明顯被縮小或位置不正，可能代表溝通出現障礙。若「一」與「口」筆順交錯錯落，也可能意味表達意圖與實際行動不一致。

測字中的情感線索，不是預言，而是映照

在測字中，婚姻與感情並非簡單的吉凶斷語，而是從字的筆畫、結構與氣韻中觀察出一段關係的心理縮影。字不會說謊，它記錄的是當下的心理姿態與關係投射。

書寫的那一刻，是個體與自身感情經驗的一次照面。測字師的任務，不是替對方決定感情走向，而是幫助當事人看見那一筆筆下所透露出的情緒密碼與關係節奏。

第九節　財運與職場的字象解讀

從一個字，看出機會、瓶頸與行動力

財運與職場變化是現代人在測字中最常關心的主題之一。相對於婚姻感情的柔性訴求，與財富、工作有關的提問，往往更明確且指向未來實際結果。測字師則從當事人所選、所寫的字中，尋找那些象徵努力、穩定、升遷或突破的結構線索與心理傾向。

字的形狀、結構與筆勢不僅反映出一個人的情緒與狀態，更潛藏了他對工作的態度、對機會的掌握能力，甚至面對壓力時的回應模式。從一個字的書寫過程，就能看出他是保守應對，還是積極突破。

「升」與「發」：象徵機會的浮力指標

「升」字由「千」與短撇構成，整體結構向上疊加，寓意層層躍升與地位上移。若筆畫挺直有力，代表當事人具備主動性與進取心，願意抓住機會；若筆畫萎縮、起筆無力，則可能意味其信心不足，或行動力受限。

「發」字上為「癶」，下為「弓」與「殳」，整體動勢向前，象徵發展與突破。若「癶」部高挑、筆勢有張力，表示具備啟動力；反之若筆畫糾結、左右不平，則可能暗示想法雖多但行動難以展開，或受環境牽制。

「富」、「業」與「財」的結構意義

「富」字由「宀」與「畐」構成，「宀」象徵保護與空間，「畐」象徵充盈。當一個人書寫「富」字時，若上部穩固、下部飽滿，代表其目前財務基礎良好且穩定性高；若「宀」過窄或「畐」部鬆散，可能代表缺乏安全感，或儲蓄不足、收入波動。

「業」字多橫，筆畫繁多，是工作、專業與制度的象徵。若整體書寫對稱、重心穩，代表其職場脈絡清晰、努力具方向；若筆畫向左或向右傾斜，可能暗示在現有工作系統中感到受限，思考著轉換跑道的可能。

「財」字左為「貝」、右為「才」，貝為古時貨幣象徵，才則為能力之意。測字中若「貝」部寫得穩固，代表財源穩定；若「才」部潦草或歪斜，則可能象徵理財策略不清，或能力與財富掌握之間尚未匹配。

從筆畫強弱看壓力與回應

測字不只觀察字義，也重視筆畫力度與筆順節奏。若整體字勢重壓下方，可能代表壓力沉重、負擔難解；若字勢飄浮，無法著力，則象徵現階段缺乏穩定支撐。特別是字尾若收筆無力，可能隱喻對未來缺乏期待感，或處於「有始無終」的狀態。

以「職」字為例，若右側「戠」下筆急促而結尾收不回，常代表執行力不足、對工作安排感到疲憊。若左側「耳」部筆畫過重，代表當事人過度在意他人評價，在職場中可能缺乏自信。

書寫節奏與機會的臨界點

許多測字師會特別關注書寫時的速度與停頓點。若當事人在寫某個關鍵字（如「機」、「轉」、「贏」）時出現停頓或反覆重寫，可能象徵其內心對於即將來臨的改變尚未準備好，或存在潛在的選擇焦慮。

反之，若書寫流暢，且關鍵筆畫收得穩定，則代表他對自身方向清楚、行動策略有條理，有較高機率在短期內迎來突破或轉機。

財與職的字象，不只是物質，也映照價值觀

現代測字不只是解讀是否有錢、能否升遷，而是透過書寫的方式，看出一個人對財富的態度、對工作的理解與對未來的期待。字的結構、筆畫、重心與整體呼吸感，無一不在透露著價值觀的排列順序。

透過一字，見其志；觀其筆，知其心。從筆下的世界，我們不僅看見一段職涯或財務風景，更看見一個人如何與現實對話，如何在機會與壓力之間做出選擇。

第十節　災厄與轉機的象徵線索

危機也是訊號，字裡藏著預兆與出路

在傳統測字術中，「凶」並不總代表悲劇，而是一種潛在的不安、變化或轉折訊號。透過文字結構與筆意變化，測字師能敏銳察覺出一個人正面臨的瓶頸或潛在風險，並從中指出應對之道。災與轉，往往同時並存，重點在於書寫者的心境與回應方式。

每一次書寫，都是一次內心動態的投射。當一個人無意識地選用或書寫某些具有「災難」、「終結」、「阻斷」意象的字時，例如「破」、「病」、「失」、「危」、「亂」等，就可能透露出其當下的焦慮、疲憊、或某種被壓抑的情境記憶。

「破」與「裂」：衝突與重組的預告

「破」字由「石」與「皮」構成，象徵堅硬之物與柔軟結構的對撞與分裂；「裂」字含有「衣」與「列」，代表秩序的撕裂與制度崩解。若書寫時筆畫猛烈、線條分離感強，往往反映當事人內在有劇烈衝突，或現實生活中已有某種關係或結構正在崩潰。

但若字形中仍有中心筆畫穩定、收筆乾淨，則顯示其在變動中仍保有自我整合能力，災中藏有轉機的可能。

「病」與「危」：失衡與調整的提醒

「病」字由「疒」與「丙」組成，「疒」為病床之象，「丙」象徵內火；若書寫此字時「疒」部懸浮不穩，或「丙」筆畫交錯扭曲，可能象徵書寫者身心失衡、情緒積壓已久。「危」字由「产」與「卩」構成，「产」象徵高處不穩，「卩」為屈膝之象，暗示壓力或權力壓制之下的不穩定感。

這些字若筆意急促、重心飄浮，代表現況恐有突發事件、健康或工作情勢不穩；但若結構收斂、字形清晰，則可能只是壓力過大尚未釋放，提醒其需自我調整而非災變本身。

「終」、「失」、「亡」：結束的反思與轉化契機

這類字常被視為象徵終結或離散的預示。「終」字由「糸」與「冬」組成，象徵線索斷絕與季節循環的停滯；「失」與「亡」則明確傳達了失去與終止的概念。

若當事人主動書寫這類字詞，測字師會判斷其是否正在經歷結束某段人際、職場或生命階段的歷程。字寫得平穩者，可能意味接受與放下；寫得歪斜破碎，則可能反映其尚未完成哀傷處理，或情緒仍深陷其中。

轉機之字：「轉」、「變」、「新」、「啟」的象徵作用

值得注意的是，許多災難性字跡之後，若書寫者接著寫下帶有改變、突破、重啟意涵的字，例如「轉」、「變」、「新」、「啟」，往往是一種心理補償與意志回歸的象徵行為。

例如「轉」字若「車」部完整、「專」部挺立，代表轉機已在心中成形，當事人有意從失序中自我調整；若「變」字「䜌」部書寫流暢，表示接受多變、不安的能力強；「啟」字中若「启」與「攴」比例協調，則代表外在環境已有打開之門，僅待行動者邁出步伐。

字的裂痕，也能通往內在修補的路徑

測字從來不是用來預言災禍的工具，而是協助人面對困境、理解自身處境與尋找轉化出路的方法。所謂「逢凶化吉」，並非逃避壞訊號，而是從訊號中讀出警示與契機。

那些帶有危機意味的字，就像心理上的破口，提醒我們有些事正在失衡、被壓抑或需要處理。而能否將之轉為新機，關鍵就在於書寫者如何看待自己的筆畫——是失控的痕跡，還是復原的起點。

字的裂縫，有時不是結束，而是一道微光透入的入口。

第十一節　災厄與轉機的象徵線索

災難與重生之間，藏在一字的筆勢與結構裡

在測字中，「災難」與「轉機」常是最被關注的主題之一。人們在困頓或迷惘的時刻，特別渴望從文字中看出未來的動向。測字師在面對這類問題時，會特別關注字的破裂、不協調與重心錯位的訊號，這些細節往往象徵著即將發生的外部衝擊、內部危機，或潛藏其中的突破點。

筆畫中隱藏的危機象徵：斷裂、偏移與顛倒

當一個字在書寫時出現筆畫斷裂、線條錯位、結構傾倒，測字師會將其視為潛在危機的信號。以「破」字為例，若書寫者將「石」部寫得浮動不穩，或「皮」部筆畫過重，代表其內心焦躁、對某種破局已有預感。這種不平衡感，正是測字中災厄將近的典型徵兆。

轉機之機：從變形中找到再生線索

但災中也藏轉機。若字中出現結構上「不合常理」的改寫，如將「困」字之「口」寫成開放式的結構，或將「危」的下部寫成「石」，這些不按常規卻具方向感的變形，往往象徵

書寫者已在無意識中做出突圍選擇。以「危」為例，若下部「卩」誤寫為「石」，可能代表當事人在情緒中尋求穩固或落地感，此非單純筆誤，而是心理防衛與重塑象徵的自然流露。這與心理學中的「認知重組」相似 —— 在混亂中找到新意義的能力。

災厄字例：病、險、惡、敗、痛

這類字常出現在測字中，且多為個體主動選字。例如：

「病」的「疒」部若延伸過長，代表壓力過大、身心警訊已被無意識寫出。

「險」的「僉」部若中空變形，代表決策危機或不確定感強烈。

「惡」的「心」部封閉不全，可能反映情緒難以出口；「亞」部過於尖銳或擁擠，代表壓抑與防禦心理。

「敗」的「貝」部中空變形或線條扭曲，可能代表財務困擾或價值感低落；「攴」部若過長，顯示壓力過重、外在打擊頻繁。

「痛」的「疒」部過長或重心偏斜，可能象徵長期疾病或心理負擔；「甬」部若筆畫封閉，顯示自我壓抑強烈。

轉機字例：變、轉、光、新、破、升

相對地，「變」的「䜌」部筆畫清晰穩定，顯示能夠從不安中找到秩序，具適應力與重整自我之能；反之若筆勢凌亂，可能表示對變動的抗拒與焦躁。

「轉」的「專」部若結構完整、筆勢收斂，顯示當事人有能力集中意志力作出關鍵選擇；若「車」部略帶推力感，則象徵內心已準備好迎接新階段。

若「光」字重心上提、線條清透，常代表個體正逐步走出陰霾、邁向清明之境；若收尾過重或封閉，可能尚處觀望、等待點燃契機的階段。

「新」的「斤」部若收尾俐落，顯示行動力強、可劈開過去束縛；「亲」部若柔順中帶重心穩定，表示人際支持與心理準備已具備，轉機將至。

「破」若書寫流暢、結構穩定，反而可能代表破舊立新的潛能。

「升」若書寫重心向上、有推力感，則可能顯示當事人處於低點中準備反彈。

結構象徵的轉折判斷：中段變化最關鍵

測字師特別關注字的中段變化，因為人生的災厄與轉機往往都藏在轉折點上。若一字在中部筆勢特別紊亂、停頓、重新落筆，往往正是當事人生命情節中變化最劇烈的時期。這也是「轉機」二字中的「轉」，在書寫時比「機」更關鍵的原因 —— 它象徵那個可能扭轉命運的轉捩點。

從災難書寫風格，看潛意識中的求生意圖

有些人即使寫出的是災厄之字，但筆勢堅定、輪廓穩重，則反映其雖處低潮，但內在有強烈的自我復原力。相對地，有人寫下「光」字卻線條歪斜，筆觸薄弱，則可能是在以正面字掩蓋內心的脆弱，反成反向暗示。

災轉之間，藏著書寫者對未來的主觀態度

測字的深層，不只是「看出什麼災難」，更在於洞察書寫者如何面對災難。是逃避、對抗、等待，還是轉化？這些線索不在命理，而藏在一筆一畫的猶疑與堅定之中。

結語：災中見轉，字是命運的鏡像

測字不神祕，它只是一種觀看的方法。在一個字的筆畫中，我們讀出災厄，也看見希望。那個「希望」，不是未來必然發生的幸運，而是當下心中，是否還願意繼續寫下去的勇氣。

第十二節　測字與八字、卜卦的比較

同為占驗工具，取徑卻大異其趣

在中國傳統命理系統中，測字、八字與卜卦（如《易經》）皆為解析人生命運、性格與未來趨勢的工具。三者雖然同屬「術數」範疇，但在觀察方式、資料依據、理論體系與心理參與程度上各有明顯差異。理解這些差異，有助於釐清測字的獨特價值與適用情境。

八字：定格的命盤，重時間的推演邏輯

八字命理以出生時間（年、月、日、時）對應天干地支組成命盤，再配合五行生剋、十神、流年大運等結構作分析。它的基本假設是「出生即定基因」，命格是宇宙時空對個體生命的一種初始編碼。

八字的優點在於其系統完整、分析邏輯嚴密，能從長遠流年與整體運勢做出結構化推估。但也因此較為「定勢」，較少涵蓋即時心理變化，且需準確時辰作為前提。對於情緒性、主觀性或當下的行動抉擇，八字的回應相對緩慢與間接。

卜卦：隨時啟動的決策映照工具

卜卦源於《易經》體系，透過金錢、蓍草、數字或其他隨機方式產生六爻變化，以此解讀當前處境的陰陽消長與能量走向。卦象如鏡，不預設命格，而是反映問卜當下的心理能量與外在脈絡的交會點。

卦法靈活、即時，適合用來處理具體問題、短期決策與狀況分析，但也因解卦者理解深度與象意聯想能力不同，準確度與清晰度常受主觀影響。

測字：潛意識投射與語義象徵的讀解術

測字則是一種將書寫動作、字形結構與語意象徵合為一體的心理語言系統。它不需預設出生資訊，也不依賴外在器具，而是從一字之中拆解筆畫、觀察結構、分析語音與部首象徵，從中解讀出當事人內在狀態與生命隱喻。

測字的獨特性在於它具高度的「心理參與性」。書寫者選擇什麼字、怎麼寫，其實都反映當下內心焦點與潛意識活動，因此它是極具即時性與情緒辨識能力的占驗工具。

三者比較：主體參與與象徵強度之異

項目	八字	卜卦	測字
基礎依據	出生時間	問卜瞬間的隨機數值	書寫者自選一字
對象性質	命格結構	問題事件	心理狀態
象徵模式	天干地支與五行對應	卦象陰陽與爻辭意象	字形、筆勢、語音、拆合意象
參與強度	客觀提供資料	中度主觀參與	高度主觀選字與書寫動作
解讀方式	演算分析	卦理聯想	字義拆解與象徵投射

結合運用的可能性：從靜態命格到動態心理

在實務運用中，有些命理師會將三者互補運用。例如先用八字掌握命格大勢，再用卜卦針對具體問題判斷，最後輔以測字觀察心理變因與行動阻力。這種組合式的方式，有助於同時掌握「命」（天生趨勢）、「運」（階段機會）與「心」（主觀反應）的三重層次。

測字在其中尤其擅長捕捉個體當下的情緒波動、期待傾向與行動糾結。它是一種富含語言性與象徵直覺的文化心理工具，不只說命，更是觀看自我狀態的反思之鏡。

測字，是與心對話的象徵藝術

與其說測字在預測未來，不如說它是在解碼當下。當一筆落下，字既是符號也是狀態，它讓個體看到自己在當下所處的位置、張力與可能性。

若說八字是定盤、卜卦是流象，那麼測字則是一種映心的即時語言，是閱讀自我深處那一點未曾說出口的話語與願望。

第二章
書寫的玄機：落筆之處見機緣

第一節　書寫方向與筆順的啟示

筆順即心路，落筆見性情

在測字的傳統理論與現代心理學交會處，我們發現書寫的方向與筆順，不僅影響文字的美觀與結構完整，更深層揭示了書寫者的行動慣性、決策邏輯與潛意識的驅動方式。書寫不只是技巧，而是一種心理反映 —— 一個人習慣怎麼起筆與收筆，常可看出他怎麼開始一件事，又如何收尾。

古法筆順與性格連結

古人重視「起筆有法，落筆有勢」，這不只是書法訓練的技術原則，也可視為一種性格與命運的符號載體。筆順若合理、流暢，往往代表思路清晰、心志貫通；而筆順顛倒、方向紊亂，則可能象徵混亂、猶疑，或受到外力干擾的狀態。

字例剖析：「永」字八法與逆筆心理

例如：「永」字八法（點、橫、豎、鉤、挑、彎、撇、捺）之中，每一筆畫都有其順序與節奏。一旦書寫者將「點」改為最後一筆，或「捺」先於「撇」，這種違背自然書寫慣例的順序，有時正暗示著個體在思考上出現逆行、倒推，甚至在生活決策中先重情緒、後顧後果的傾向。

情緒流動藏於筆順節奏

筆順也關係到能量的流動。若「心」字的三點依序緩筆落下，通常反映情感穩定；若先點中、後左右，或兩點過長、第三點淺略，則可能為情緒阻塞、心緒未定之象。這種內外節奏的失衡，常是心理狀態壓力表現的前兆。

書寫起點的選擇透露決策模式

有些人書寫文字時習慣從中間開始，甚至先寫偏旁再補主體，這種非線性筆順透露了他們在心理上習慣「先處細節再觀全局」的思維架構。也可能代表他們處事節奏較獨特，行為常與常規不同，卻具備轉化困局的潛力。

筆順連貫性與潛在能量診斷

在測字實務中，我們會請被測者隨機寫下一字，觀其筆順是否連貫，是否中途停頓，是否逆行錯落——這些書寫順序的細節，往往比文字內容本身，更能看出此人當下的能量狀態與思維卡點。書寫過程即是生命流程的縮影，停頓即猶豫，急轉即壓力，連貫即清明。

書寫方向是能量的道路

測字之妙，不在於通靈，而在於洞悉行為中隱藏的潛意識語言。筆順即是語言的一種形式，而書寫方向，則是能量的路徑。一個人的起筆朝上還是向下、從左還是從右，無不顯示其慣性與內在動力。

結語：從一筆開始，看清全局的走向

書寫不是單純的記錄動作，而是一場內在秩序與外在世界之間的橋接過程。正因如此，我們才說：落筆之處，見心之歸向；筆順之變，顯命之走向。從一筆的開始，我們看見一段人生的延展。

第二節　筆畫多寡與個人心境連結

筆畫不是數量，而是情緒的重量

在測字的世界裡，筆畫的多寡並非僅僅是結構的組合，更像是情緒與壓力的重量表徵。當人書寫筆畫繁複之字，卻筆筆到位、毫不遲疑，通常說明其內在能量充沛，思緒清晰；反之，若簡筆之字也寫得拖泥帶水、線條交錯，則可能反映精神疲乏、內在混亂。

字越多，事越繁：筆畫與心理負荷

常見「鬱」、「懷」、「驚」等字，筆畫繁複，若書寫者刻意寫這類字，或無意選字偏向重筆者，測字師會解釋其內心可能正承受壓力或有未說出口的心事。這種情況下，筆畫越多，象徵心理負擔越重；若筆畫簡化得過度，則可能是壓抑或否認的表現。

輕筆簡字，代表解脫還是逃避？

並非所有筆畫少者皆為心境平和。有些人習慣使用「安」、「明」等字，以簡潔筆畫掩飾內心焦灼。若這些字寫得急促、傾斜或有擦除痕跡，便可能揭示出潛意識中的壓力。測字師因此需辨識字義與筆畫表現間的張力。

筆畫增加時，書寫是否穩定？

當字筆畫增加，書寫者若仍維持流暢節奏與穩定結構，反映其處事有條理，抗壓性高；若筆畫增加導致線條紊亂，甚至跳筆、遺筆，則暗示書寫者面對複雜情境時容易失序，心緒容易被干擾。

測字實例：兩「善」之間的差異

以「善」的古字為例，上為「羊」、下為「言」。若一人書寫羊部時逐筆細膩，言部則匆促略寫，可能象徵他重視表象的溫和（羊），但對於實際的溝通（言）卻有壓抑或隱避傾向。另一人若寫「善」時筆筆有力、均衡分布，則顯示其內外一致，言行合一。

筆畫密集與內心糾結的投射

當個體在測字過程中反覆選用密集結構之字，如「纏」、「鬧」、「難」，且筆畫堆疊過度甚至出現交錯、壓筆現象，則可能暗示其心中有未解之情結或衝突未排解。在心理分析中，這些多筆畫文字常被視為「內部衝突的筆跡載體」。

簡筆粗寫與自我防衛傾向

有些人故意將筆畫簡化，如將「戀」寫成僅剩「心」與部分「䜌」部，或將「懼」簡成僅留「忄」，這種現象有時是記憶模糊，但更常是潛意識的「避寫」——試圖透過簡化來閃避內心的不安與焦慮。心理防衛機制透過手寫表現，也成為測字的一大參照依據。

結語：筆畫之中，藏著當下的精神風景

測字從不以筆畫多寡論吉凶，而是以「筆畫與心境之間的落差」為觀察重點。一字之中所用幾筆，是知識；而每一筆是否穩、順、有序，則是智慧與心力的展現。在筆畫的輕重、繁簡之間，藏著書寫者此刻最真實的心理風景。

第三節　墨跡濃淡與情緒流露

筆跡的深淺，記錄著內心的高低起伏

墨色，是筆與紙之間的情緒語言。當我們觀察一個字的墨跡濃淡，往往不僅是觀看其筆墨技法，更是在聆聽書寫者當下的心理音量。濃墨如吶喊，淡墨如呢喃，每一次筆落紙上皆藏著一種情緒表現。這不只是手部的力量輸出，而是整體情緒能量的釋放，有時甚至是潛意識的呼救。

濃墨筆觸，常是壓力與用力的投射

當書寫者以重筆按壓，墨色深重，字體厚實，這樣的書寫多出現在壓力大、情緒累積已久的狀態。例如「怒」字若寫得墨跡滲透紙背，筆畫緊縮，可能反映潛藏的情緒爆發點。此類情況常與焦躁、委屈、被壓抑的表達欲望有關。測字師需搭配書寫者當時的語氣與氣場，綜合判讀其是否正面臨內外壓迫而無處疏解。

淡墨柔筆，是細膩還是逃避？

反之，若字跡清淡，筆鋒浮游，給人若有似無之感，則需觀察此人是否處於迴避、逃離或憂鬱情緒中。淡墨不一定是柔和，有時可能是內心欲言又止的壓抑。例如在寫「思」、「悲」、「念」等情字時過度輕筆，則可能透露書寫者難以正視內心的思緒。淡墨者如風中細語，可能源自害怕表達後的回應或被否定的記憶印記。

墨跡不勻的內在動盪提示

有些人在同一字中出現墨色不均、筆畫忽重忽輕，這通常不是純粹技法問題，而是心理波動的外在表現。尤其在名字測字時，若中間一筆特別濃重或特別淡化，可能象徵人生某一階段的壓力事件或轉折期。這種動盪筆觸在長期觀察中，常與焦慮症狀、自我矛盾或家庭壓力有直接關聯。

濃淡交錯的生命層次解讀

若一個人的整體書寫呈現濃淡有致、層次分明，則多代表其心理狀態穩定，情緒豐富但不失調。這種「濃而不躁，淡而不虛」的書寫風格，測字師往往視為平衡命象的佳兆，顯示個體在情緒與表達之間拿捏得宜。書寫節奏與墨色濃淡協調者，常具備良好的人際反應能力與內在穩定性，是高情緒智商的指標之一。

特殊案例：「黑字壓紙」的警訊

曾有一位來測字的女性，其所寫之「煩」字，字跡濃墨如墨條未乾，紙張被墨水浸透數層。此種「黑字壓紙」現象，測字師視為警訊，建議她注意身心過勞與情緒界線問題。果然她自述近月壓力山大，無處可解，寫字竟成唯一宣洩。這類極度濃墨書寫者，也常伴隨筆尖斷裂、紙面破損的現象，反映其內在早已超載。

情緒書寫中的筆墨心理學

這些表現對應到心理學領域，與投射技術有異曲同工之妙。正如榮格（Carl Jung）所言：「人心之影，藏於無意之舉。」墨色的濃與淡，即是無意舉動中的心影呈現。心理動力學研究也指出，書寫時所產生的筆跡變化，實際反映出作者對情緒自我調節的程度，這在創傷心理學的臨床書寫治療中有廣泛應用。

日常書寫與情緒自我觀察

日記、便條、筆記，皆可成為測字觀察之所用。例如學生考試時答題筆跡忽然濃重加粗、職場筆記出現局部塗抹與壓筆，都是壓力臨界點的微觀跡象。若能培養日常書寫觀察的敏銳度，不僅能掌握他人情緒走勢，也能自省情緒轉折，進而預防情緒崩解的邊界。

結語：情緒無聲，墨色有語

墨跡看似技法，其實是情緒的共振。濃與淡之間，不是好與壞的判斷，而是一個人如何與情緒共處的姿態。測字之中，若能讀懂墨色的聲音，便能讀懂一個人不說出口的故事。在日常書寫中，我們與自己對話，也讓筆與墨替我們說出那些難以啟齒的情緒，成為心理自療的起點。

第四節　書法風格與命格傾向

書寫風格作為人格與命格的橋梁

書法不只是藝術，更是一種心理展演與命運映射。書寫風格所展現的不僅是技巧與美感，而是一個人內在的性格傾向、命運態度，乃至生命節奏的流動圖譜。不同於單純筆畫與字義的解析，書法風格屬於整體觀察，是測字中最接近人格心理分析的層面。

楷書者多謹慎，篤實守成

書寫習慣以正楷為主者，常見於自律型人格。他們重視結構、注重規範，對事物有計畫性、穩健但不冒進。這種風格在命格上多與「守成型命運」對應，即不傾向大起大落，但能穩步累積。若筆畫均衡有序，則此人在人際與財務安排上多能持續前進。

行書風格，靈動中見適應力

行書介於楷與草之間，其自由與連貫象徵思維流動與應變能力。書寫此風格者常具創意與開放心態，處事圓融靈活。命格上則可能走向「機會型命運」，即在變動中取得契機。若書寫者連筆自然、無明顯停頓，常顯示此人樂觀積極，勇於嘗試，生命中容易吸引轉機。

草書如水，奔放中見自我

若以草書為主，筆鋒奔放、結構自由，書寫者多具強烈自我與反叛特質。他們不拘小節、追求獨立，不願受傳統框架束縛。此類風格者在命理走勢上常屬於「突圍型命運」，亦即透過自我突破尋求新局，但若結構凌亂或墨跡不穩，亦可能陷入自我消耗或人際衝突。

隸書與篆書，沉穩與歷史感的延續

隸書與篆書書寫者較為少見，但若有人在非專業背景下選用這類風格，常代表對傳統有高度認同，亦顯示其人生觀較為保守、重視根基與血脈傳承。在命運流向上，此類風格常見於家族事業承繼、宗族責任濃厚者，具強烈的歷史延續性。

風格混合者：多元性格與生命交錯點

若一個人在書寫時出現不同風格並存，如楷行混用、行草交錯，則須觀察其比例與銜接方式。風格混合若自然融合、過渡柔順，通常表示此人能整合多面向性格，擅長角色切換與跨域合作。反之，若混用生硬、時有頓挫，則可能反映其內在矛盾與心理分裂傾向，生命路徑上亦易出現反覆與曲折。

心理學視角：風格背後的自我建構

心理學者艾瑞克森（Erik Erikson）提出的「自我認同發展理論」指出，人在成長過程中透過行為風格建構自我認同，書寫風格正是此過程的反映。選擇何種書體、不斷複習某種筆觸，其實是潛意識對自我定位的實踐。書法中的習慣，映照著潛藏的信念與價值排序。

實例觀察：風格轉變與生命變局

一位原本從事會計工作的男子，其筆跡多年來皆為工整楷書。某年他轉職創業後，字跡逐漸轉為行草並略帶傾斜，風格流暢有力。此變化不僅是手感轉移，更反映其人生心態從穩定轉為冒險，測字師即以此佐證他正處於「突破期」。風格之轉折，往往就是命運的分水嶺。

書法風格與職業選擇的關聯性

從大量測字紀錄來看，不同職業群的書寫風格分布亦有趨勢。例如工程師、行政人員多傾向楷書，設計師、藝術家則偏好行草，自由工作者與創業者常見草書或變體書寫。這種風格趨向並非偶然，而是性格與生涯選擇之間的心理同步化現象。

結語：風格無法偽裝，筆跡即是命跡

書法風格是自我與命格的雙重寫照，非僅外在美學，更是內在心智結構的延伸。在測字的世界中，一個人的風格選擇與穩定度，不僅揭示其當下性格，也預告其生命旅程的走向與節奏。學會讀風格，等同於學會看穿生命的隱線與命運的筆觸。

第五節　字跡結構與潛意識語言

書寫架構中藏著心理結構的投射

每一個字的書寫，不僅僅是點畫線條的組合，更是一種心理結構的呈現。從一個字的整體布局、重心走向、上下寬窄比例，我們可以窺見書寫者潛意識中的秩序觀、自我感與情緒狀態。就如同榮格 (Carl Jung) 所言：「潛意識的語言不在話語中，而在象徵中。」而字跡的結構，正是此象徵的具體表現。

上下對稱與平衡感的自我掌控能力

若字體上部與下部均衡、對稱性佳，常反映此人對自我有穩定認識，情緒不輕易波動，也多具有自我掌控與責任意識。這樣的人面對人生起伏能維持步伐，不容易走極端。若字體重心明顯下沉或上浮，則象徵心理壓力的集中點：下沉者可能壓力過重、情緒憂鬱，上浮者則可能思慮過度、好高騖遠。

左輕右重，或顯前後人際關係線索

字跡若出現明顯左輕右重，或左收右放的偏勢，測字師會特別留意書寫者的人際互動傾向。左側象徵過去與家庭、內在世界，右側象徵外界與未來。若右部特別用力或過大，可能表示當事人在人際或職涯中傾注過多心力，甚至有過度討好的傾向;反之左側重筆，則可能對過去事件仍有所牽掛，難以向前。

結構壓縮與展開：壓抑與釋放的心理對話

有些人在書寫時喜歡將字體縮得極小、筆畫擠壓，這種結構緊縮可能反映壓抑性格、過度自律或自我價值不足的心理表現。而字體開展、筆畫舒展者，多半個性外向、情緒外顯且人際互動活絡。但若過於鬆散無序，則可能是注意力渙散或缺乏目標感的表徵。

內空外實與邊界問題

若字體邊緣筆畫明確、內部空間均勻，象徵書寫者具有清晰的心理邊界，知道如何與他人保持適當距離，情緒表達亦有節制。若內部過密或交錯混亂，可能透露書寫者在處理內在情緒時缺乏邏輯，或在人際關係中易被情緒綁架，無法建立穩定的界線。

結構失衡的潛意識警訊

在一些特殊案例中，字體結構若極端傾斜、上下失衡，或出現不合比例的變形，常須特別關注其潛在的心理困擾。

這種書寫異常往往與近期創傷、情緒崩解或心理疾病初期徵兆有關。例如某測字者在名字中將「平」字寫成極度扭曲，右邊失重且底部斷筆，經深談後發現其正面臨重大失業與家庭失和，筆跡正是潛意識危機的表達口。

測字中的結構觀與心理結構理論連結

心理學家皮亞傑（Jean Piaget）認為認知結構是人理解世界的核心工具，這個概念可延伸至書寫中。字的結構，如同個體認知與行為模式的表現。測字師可藉由書寫者對「結構」的掌握與偏離，判斷其心理彈性、自我統整能力與人生應變策略。

案例分析：書寫習慣改變與潛意識變動

一位中年女性長期以來書寫規律整齊，然而某次測字時其字跡出現大量筆畫偏移與結構不穩，原本的筆畫銜接忽略不清。經對談發現她正經歷父親驟逝與職場霸凌雙重衝擊，心理邊界出現崩解跡象，而這些正反映於她失衡的字跡中。結構的改變，是潛意識正在求救的訊號。

結語：字的骨架，就是心理的脈絡

字的結構，就像人的骨架，是支撐整體的核心。不論是對稱或失衡、壓縮或舒展，字跡的每一個布局都在訴說書寫者的內在故事。透過對字跡結構的細緻觀察，我們不僅能洞悉命運的隱線，更能理解潛意識如何悄然在筆下現身，為生命留下深層的印記。

第六節　左右偏斜的運勢象徵

傾斜的字形，是潛意識的風向標

書寫中的左右偏斜，在測字學中具有高度辨識意義。不同於視覺上的美學感受，偏斜所透露的是個體在心理重心上的位移與能量走向。當字跡向左偏，或向右傾斜，我們便能由此推論書寫者的內在態度、人生姿態與能量流動方向。正如書法家沈尹默所說：「字如其人，筆勢即氣勢。」偏斜的筆勢，正是人生氣勢的展現。

右傾：積極進取，或壓力過重

字跡若普遍右傾，通常象徵書寫者主動、外向、好表現，具有向外拓展的動能。這類人在人際中多半敢言、樂於建立關係，甚至是領導型人格。命運面向上，右傾常與事業擴張期或人生進攻階段同步。不過，若傾斜角度過大，筆畫不穩，則可能表示個體在追求目標時壓力過大，已進入失衡狀態。

左傾：回溯自省，或內縮退卻

相對地，字跡向左偏者多為內向型，重視過往與內在世界。這樣的人個性細膩、情感豐富，容易受情緒牽動。命理上常見於跳槽、療傷、人生重整期之人。若左傾程度輕微而穩定，可能是對生活的深思熟慮；但若傾斜幅度明顯，且筆畫彷彿向後拉扯，則代表個體可能陷入逃避、退縮或對未來缺乏信心的狀態。

傾斜不定：矛盾心理與方向迷失

在測字中，最需要留意的是字體忽左忽右、毫無穩定傾向的情況。這通常象徵書寫者內心充滿矛盾與搖擺，處於決策困難、價值混亂或心理分裂的狀態。若同一行中數字傾向各異，或同一個字內部左右走勢不一，則須特別關注其當下處境是否動盪，或是否潛藏情緒失調跡象。

心理投射下的偏斜行為

心理學上將書寫行為視為一種微觀動作模式，書寫方向與壓力點的變化是潛意識的自動投射。例如一名長年進行高壓投資決策的男性，其書寫習慣從原本的正楷變為極端右傾且筆觸急促。測字師指出，他已進入心理過勞與決策疲乏的狀態。偏斜的書寫是其心理正在試圖「往前衝」卻「心虛」的拉扯動作。

左右傾斜與家庭角色印記

值得一提的是，部分測字實務案例中發現：長期處於某種家庭角色（如長子、獨生女、主要照顧者）者，其字跡偏斜傾向也有所對應。例如肩負家庭責任者，字跡容易右傾而重壓，反映其對未來的承擔感；而被動接受期待者，則字跡略向左偏，象徵心理上的退守與壓力感受。

傾斜與字體大小、行距的聯合判讀

單一的偏斜角度無法構成完整判斷，需搭配字體大小與行距密度進行整體觀察。若右傾且字大行疏，代表個體主動積極且具自主意識；若左傾且字小行密，則多反映出自我保護、審慎防衛等傾向。若傾斜與行距雜亂交錯，則可能為思緒混亂或注意力失衡的徵兆。

實例解析：從傾斜中看人生轉彎

曾有一名女性來測字時，其字跡從左傾逐漸轉為右傾，測字師推斷其心理狀態正在從療傷期轉向開展期。她表示過去三年因離婚經歷而封閉自我，近期開始接觸新人脈與創業想法，字跡也隨之轉向外放。這一變化提供了心理療癒過程中的具體見證。

結語：傾斜的字跡，是內在重心的流向圖

書寫的偏斜不是偶然，而是書寫者心理重心轉移的結果。向左或向右、傾斜或搖擺，皆在無聲訴說生命當下的姿態。測字者若能察覺其中的方向變化與力度差異，便能讀懂一個人如何與過去和解、如何面對未來。字斜如心斜，筆傾則命轉。

第七節　高低錯落的命運暗示

字的高低，是心理姿態的視覺展演

字跡在橫向排列時的高度差異，往往反映出書寫者內在世界的穩定度與心理節奏。當字與字之間忽高忽低，或整行上下錯落不齊，這些視覺上的浮動，實則是書寫者潛意識在筆鋒間的洩露。就如音樂有高低起伏營造情感波動，字形的高度亦是一種情緒與命運的「節奏圖」。

字體高挑：自信與理想的象徵

書寫時若字體普遍偏高、筆畫向上伸展，通常顯示書寫者具有強烈的理想性、自我期許與自信心。他們目標導向，渴望在生活中有所成就。命運面向中，這類書寫者常處於發展期，或者正在規劃突破性的生涯路徑。不過，若字形過於高聳、結構不穩，亦可能是自我膨脹、理想化過度的投射，提醒其應調整現實認知。

字體偏矮：低調或自我壓縮的暗示

相對地，字形偏矮者多半性格內斂、實事求是，不喜誇張表現。這類人講求腳踏實地，也可能在人際互動中傾向退讓與妥協。在測字中若發現字形異常壓扁，或行距過於密集，有時也代表當事人正處於心理壓抑期，可能面臨外在環境打擊、自信心受損或潛意識中自我縮小的防衛姿態。

行進中起伏不定：情緒波動與生活不穩

當整行書寫中呈現明顯高低起伏，且無明確節奏感，此多代表書寫者情緒不穩定、生活節奏失序，內在可能正經歷矛盾或心理壓力的激盪。例如一名接連失業的中年男子，其書寫行高忽低、無線可尋，測字師指出其正處人生失序的谷底期，急需尋求重建規律的方式。

穩定上升：信心增強與運勢提升

書寫者若一行文字隱約呈現向上斜升之勢，象徵其心理狀態正積極面對挑戰，對未來懷有希望。這類字跡在命理上可視為「運勢上行」的象徵，尤其在事業與人際發展階段，此形態常預示機會將臨。但若上升幅度過大，則須留意是否心態過於躁進，忽略當前穩定性的培養。

穩定下滑：信念退縮與意志低落

與前者相反，若字行呈現下滑趨勢，可能暗示當事人近期信念受挫、情緒低落或動機不足。這類筆勢常見於憂鬱、倦怠、失落感強烈者，需進一步觀察其生活環境與支持系統是否失衡。測字師在判斷此情形時，亦會觀察是否有連續幾頁皆呈現此態，作為長期心理狀況的輔助指標。

特定字詞升降：象徵性事件的心理權重

有時候並非整行偏高或偏低，而是某些特定字詞明顯高於或低於其他字。此情形常發生於書寫姓名、目標詞語（如「工作」、「家庭」、「愛情」）時。若某字特別高舉，象徵該議題對書寫者具高度重要性與心理焦點；反之，若過度壓低，則可能顯示該議題被壓抑、逃避或情感上帶有恐懼。

字體高度與心理年齡的隱喻關係

心理學者威廉．史特恩（William Stern）曾提及心理年齡概念：即人的情緒成熟度與實際年齡可能不一致。而在字跡中，高字體且富有彈性的書寫常見於創意工作者或孩童心態強者，象徵童心與希望感；相對地，字體沉重低矮者則可能顯示思慮老成、對現實考量偏多，心理年齡偏高。

實例觀察：從字形高低看創業狀態

一名年輕創業者於計畫書中手寫理念綱要，其書寫整體穩定向上，字體高挺有勢，測字師斷其正處於發展高峰期，且對未來具明確方向。數月後，他再度書寫，其字跡略低、行距緊縮，顯示其正面臨資金與人力壓力，此變化也促使他進行策略修正，避免過度擴張所帶來的風險。

結語：起伏中的字勢，是命運的節拍

字跡的高低如同心跳，有時平穩、有時躍動，背後蘊藏著書寫者當下的生命脈動。從整體排列到單字浮沉，每一筆高度的選擇，都是心理語言的片段紀錄。透過辨識這些高低差異，測字者得以預見潛在的情緒轉變與命運走勢，從而引導書寫者找回生命的重心與節奏。

第八節　字寫得快慢的性格反映

落筆速度，是潛意識的時間節奏

書寫快慢，是書寫者內在節奏的具象表達。在測字的視角中，速度不單是筆畫流暢與否，更是心境、性格與心理能量的真實展現。字跡的快與慢，往往與一個人的行事風格、人生決策節奏以及處理情緒的傾向緊密連結。這些外在的書寫痕跡，其實是內在心理節拍的投影。

快筆如風：積極進取或焦躁不安？

快速書寫者往往具備積極行動的特質，反應迅速，喜好效率，追求成果。但這種速度若未伴隨穩定結構，可能也暗示著躁動、衝動與短視近利的風險。特別是當字體飛白偏多、線條未收筆完整時，測字師會留意是否有焦慮傾向，或者是遇事過於倉促，缺乏深度規劃的性格指向。

慢筆如水：細膩穩重，或猶豫退縮？

緩慢書寫者通常在心理上具有沉著、細膩與耐心的特質。他們重視過程、講究細節、傾向深思熟慮。但若筆跡過於遲緩、連筆明顯斷裂、字體結構過重，則可能與拖延、缺乏行動力甚至憂鬱情緒有關。測字師需從整體筆勢與語意詞中判讀，辨別其究竟是穩健型還是被動型的心理結構。

速度不均：情緒波動與決策搖擺

一份書寫若在同一篇幅中出現速度落差大，例如前段筆勢急促、中段拖慢、末段再度加快，這種變化通常揭示心理不穩、思緒跳躍與壓力波動。此類狀況在面臨人生抉擇或心事糾結時最為常見。若連續出現於多份測字材料中，測字者會懷疑其正經歷生活重大變動，如職涯轉折、感情糾結或家庭壓力。

筆勢如呼吸：快慢之間的心境掌握

字跡之快如同呼吸之急，反映焦慮與緊繃；字跡之慢如同呼吸之深，象徵沉思與防衛。測字師視之為情緒呼吸的節奏圖。臨床心理學亦指出，人在情緒緊張時，微動作會加快，例如手部動作、咀嚼速度、眼球掃視等，書寫行為正是這些微動作之一。

快速書寫者的壓力圖譜

一位科技新創公司的創辦人，因業務推進不順而求助測字。其手寫字跡呈現極快筆勢，字形簡略甚至連畫不全。測字師指出這可能是其承受過多決策壓力所致，並建議他透過書寫慢練來安定節奏。數週後，他反映調整書寫速度後，反而思考更具條理，開會時也能減少語速過快帶來的誤解。

慢速書寫者的內在反芻

另有一位長期照顧家中長輩的女性，字跡緩慢如繡、筆畫精緻。測字師指出，她情感豐富，對每個細節都投入情緒，書寫成為其反芻與自我療癒的儀式。她本人也承認，每當感到疲憊時，就會靜靜寫字，好似與自己內在對話。

速度與筆畫壓力的關聯判讀

除了觀察書寫快慢，測字師也會同時參考筆畫壓力。若快速筆勢伴隨強烈筆壓，表示該人屬於行動力強但情緒壓迫型人格；若快速而筆壓輕盈，則多為跳脫型、創意思考型個體。慢速與輕筆代表的是隱忍與防衛，慢速與重筆則需關注其潛在的情緒沉重感。

書寫速度的時間軸：從過去到當下

有趣的是，透過不同時間點的書寫速度變化，我們可以看到一個人的心理成長或退化過程。例如某人在學生時期字跡飛快、富衝勁，但進入職場後筆速逐漸放慢，可能代表其性格歷經歷練，逐步內化沉穩；反之亦然，若速度從慢轉快，可能是心理焦慮加劇、或外在壓力導致的行為加速反應。

結語：快與慢，是心靈的節奏與證詞

字寫得快或慢，從來都不只是技巧，而是個人心理節奏的折射。快筆未必就有效率，慢筆也不總是拖延。關鍵在於：這個速度是否與自身處境與內心狀態協調？透過觀察書寫快慢，測字者不僅能解讀當下，也能陪伴書寫者看見他在時間裡的心理節拍，重新掌握生活的節奏感。

第九節　行書、草書的吉凶說法

書體風格，是意識與潛意識的合作結果

不論是楷書的工整、行書的流暢，還是草書的奔放，這些書寫風格的選擇，不只是書寫技巧的展現，也反映出書寫者心理層面的慣性、性格與當下能量場。行書與草書之間的差異，不僅在筆畫連結程度，更藏著命運節奏與心境投射的線索。

行書：理性與情感交融的中道之選

行書介於楷書與草書之間，其筆勢帶有節奏與彈性，既不過度拘謹，也不至於難以辨識。選擇行書者多具內外兼顧的性格特質，善於調節衝突，在變動與穩定之間尋求平衡。心理學中對此類人格傾向稱之為「整合型人格」，即能容納兩極傾向，並將之調和為穩定的生活節奏。測字時，若字跡帶行書氣息而仍不失結構，代表此人處事靈活、能進能退，適合負責變動性高的職務或創意導向的任務。

草書：情感奔放與能量爆發的象徵

草書風格則屬於高自由度、高表現性，筆勢奔放、連筆多變。此類字跡出現時，通常書寫者情緒高昂、思想奔馳，

具有藝術性格或創造能量旺盛。然其筆跡若過於淩亂、難以辨識，可能反映出心理混亂、難以專注的問題。心理學中，這類書寫者多屬「高開放性特質」人格，但若缺乏內控機制，易陷入情緒波動與無序的生活狀態。

行草之變：從風格變化觀測心境流轉

有些人書寫時並非全以行書或草書為主，而是在同一頁中不斷變化風格，這種書體波動的現象，是觀察心理狀態變化的絕佳指標。例如一位創業者，在提案文件開頭以行書穩定起筆，至中段焦躁顯現時轉為草書潦草，顯示其信心受動搖與決策猶豫的心理波動。測字師據此提醒其注意壓力管理，避免草率決策。

行書偏勢：潛藏的傾向與人生布局

行書若傾向左斜，顯示書寫者過去導向強烈，易受舊事糾纏；右斜則多為未來導向，思緒奔向計畫與願景。若行書筆畫過長，象徵行動力與外顯表現力強；若筆畫短促，則為內斂壓抑、謹慎防備的心理反射。這些細節，皆能補充基本性格之外的運勢脈絡判讀。

草書奔逸：潛藏的內在焦慮或突破企圖

一位藝術系學生書寫詩句，草書連筆中夾帶突如其來的刮筆與重筆，測字師指出這反映其創作壓力已達極限，筆勢如劍直刺頁面，象徵其內心對現實與理想落差的強烈反應。此類草書非單純書體選擇，而是內在掙扎的軌跡表露。

混合體的閱讀：測字者的直覺與洞察力挑戰

當書寫者在同一頁中交錯使用楷、行、草等混合體，測字者需要動用更高階的直覺判讀力與心理敏感度。例如有位心理諮商師，在筆記中使用楷書記錄客觀資訊，行書書寫對話，草書則記下瞬間情緒反應，這種「書體切換」的策略性，也可作為書寫人格分層理解的依據。

書體與個人發展階段的關聯

在不同人生階段中，書體風格亦常出現變化。年輕時偏愛草書者，年長後可能轉為行書或楷書，象徵其個性由衝動轉為穩重；反之，若年長者忽轉奔放草書，亦可能是重拾生命熱情的展現。書寫風格的變遷，也常為命運轉折的心理前兆。

結語：筆勢所指，性格所向

行書與草書的選擇，是書寫者內在狀態的明確指標。穩定的行書，彷彿在秩序與自由間取巧遊走；而狂放的草書，則是情感奔流的外顯證據。透過辨識這些筆勢語言，測字不僅成為理解命運的工具，也成為閱讀心靈的窗口。

第十節　書寫時的外部環境解析

環境與書寫的交互影響

當我們進行測字時，往往會注意書寫者的字跡、筆畫、風格，但若忽略其所處環境，就可能遺漏一項關鍵因素。從心理學角度來看，外部環境不僅影響書寫者的情緒，也會轉化為潛意識的投射，展現在筆勢與結構之中。書寫地點的光線、溫度、氣味甚至周圍是否有人，都可能改變筆觸的流暢度與文字的排列方式。

光線陰暗與心理陰影的對應

在光線不足的環境下，人容易感到視覺壓迫與情緒低迷，這些感受會直接表現在字跡上。測字中常見一種情況：筆畫出現向下偏斜、結構壓縮、甚至缺筆現象，這可能不是書寫技術的問題，而是環境影響了書寫者的穩定性與自信心。例如曾有一位求測者在燈光昏黃的餐廳中書寫，其字跡潦草散亂，經轉至明亮環境重寫後，字體立刻變得整齊有序，顯示其情緒受光源強烈制約。

氣味與情緒的潛在牽引

環境中若有特殊氣味，也會對書寫產生細微影響。心理學研究指出，氣味與記憶的聯結比其他感官更為深刻。某些人會在特定香氣中浮現往事，這些記憶可能激發情緒波動，使書寫風格變化。曾有測字紀錄顯示，一位女性在書寫過程中，聞到某款男性古龍水，筆跡明顯由穩重轉為飄忽。追問後才知那香氣勾起她舊戀情的回憶，心理上的不穩瞬間顯現在字體傾斜與筆畫交錯中。

空間距離與心理防衛機制

書寫環境是否有足夠的個人空間，也會左右書寫者的心理狀態。在過於擁擠或人多嘈雜的環境中書寫，容易使人產生防衛心理，筆勢往往會縮小、傾向內聚或向左下偏移，象徵書寫者潛意識中有退縮與保護自我的傾向。相對地，在空曠安靜的場所書寫時，筆畫通常較為展開，線條具延伸性，反映開放、穩定的心態。

外在干擾的即時反應

若在書寫當下出現突如其來的外在干擾，如手機鈴聲、突然的聲響、他人靠近等，書寫者的筆勢也會出現瞬間變化。例如曾有測字案例顯示，一位男性在寫下「誠」字時，正好被叫名打斷，當重新寫完後，字形中「言」部極不穩定，表現出他的思緒被拉扯，潛意識產生懷疑與動搖。這種被擾動的筆勢，對判讀其誠信傾向提供了深刻啟示。

心理場與能量感應

所謂「心理場」是一種難以量化的能量感，書寫者與測字師之間也會因空間中彼此的心理場互動，產生筆跡上的連動。若書寫者對測字師有壓力或敵意，字跡容易變形或出現「偽裝筆勢」，例如故意寫得端正，卻失去自然節奏。這時測字師需靠經驗辨識筆勢是否與語意情境對應，避免被外在形式誤導。

環境變化與書寫穩定性的比對

為了確認環境對書寫的影響，有經驗的測字師常會安排「二次書寫」——即在不同環境中請同一人再書一字。比較其筆勢差異，不僅能看出情緒與環境的聯動，也可測出個體穩定性與內在調節能力。例如有測字經驗顯示，一位企業高階主管在會議室與公園書寫的筆跡相差甚遠，前者拘謹緊張，後者自然舒展，反映其在工作環境中處於高壓與自我壓抑狀態。

結語：外在世界是內在意識的倒影

書寫環境，不只是背景，更是測字的重要參照元素。光線、氣味、空間、聲音乃至與他人的互動，都會滲透進書寫中每一筆畫。理解這些外部條件如何引導書寫者的情緒與潛意識，有助於測字師做出更全面、立體且貼近現實處境的判讀。

第十一節　他人代筆是否有效？

代筆的測字迷思與常見誤解

在現代社會中，因應忙碌或他人請託，常會出現「請別人代寫」的情況。這在測字實務中引發一項根本性的問題：若字不是由本人書寫，那麼測字結果是否還具備參考價值？對於這一點，傳統測字術與現代心理學皆給出不同層次的解釋。

筆跡不是靈媒，代筆難以傳心

從筆跡學角度而言，字跡是書寫者當下情緒與潛意識的延伸，因此必須親手書寫才能具備足夠判讀依據。若由他人代筆，其性格、思緒、情境全然不同，即使照抄原文，也無法投射被測者的真實心理狀態。正如瑞士心理學家榮格（Carl Jung）所言：「潛意識的語言，無法由他人模仿。」

特例：高度連結者的代筆能量

然而，實務中也曾出現特殊案例，即代筆者與被測者情感連結深厚，如長期照顧者、心靈導師或密切伴侶。這類人若在深度情緒共鳴下代筆，偶爾會出現某種「情感投射」現象，筆跡雖非出自當事人，但隱含其潛意識中的集體象徵與能量。這些情況並非可預測或常見，而是特殊關係下的能場共鳴，測字師需有豐富經驗與靈敏直覺才能辨析。

實驗對照：同語不同手，結果大異

曾有一場實驗由一名心理系教授設計，邀請五位學生抄寫相同語句，再請測字師逐一分析。結果顯示，雖內容完全一致，但筆勢、結構、用筆習慣皆呈現五種不同性格傾向，無一重複。這證明「文意可複製，筆勢不可複製」，即使語句相同，字體所蘊含的能量與性格結構仍源自書寫者本身。

冒名代筆的風險與警訊

在一些測字事件中，曾發生被測者故意請人代寫以測試測字準確性，結果被經驗老道的測字師一眼識破。其筆勢與語境情緒不符、結構不連貫、甚至出現模仿痕跡。此類狀況不僅導致測字無效，更展現出被測者的不信任或企圖隱瞞的心態，反成為心理分析的反向線索。

代筆筆跡中的「鏡射效應」

部分代筆者在模仿他人筆跡時，會無意識地放入自己的筆觸慣性，形成一種「鏡射效應」—— 書寫表面像對方，實際仍藏自身特質。測字師若細查筆鋒轉折與起筆收筆處，便能分辨此種「似是而非」的筆跡。這提醒我們，測字並非只看表層字形，而需辨識深層動力與書寫節奏。

代筆與測字的倫理界線

從倫理角度而言，測字應以本人自願書寫為前提，否則不僅影響結果，也違背測字作為心理探索與自我了解工具的初衷。若因特殊情況需代筆，應由測字師事先知情，並註明書寫者非本人，以便正確解釋與避開誤讀風險。

結語：代筆可行，但非必然有效

綜合而論，他人代筆的測字結果僅在極特殊情境下具有參考性，絕大多數情況仍應由本人書寫方為有效。筆跡是自我心理的延伸，誠如一位資深測字師所言：「每一筆都是你對世界的呼吸節奏，這種頻率，無法被模仿。」測字之所以迷人，就在於它忠實映照了書寫者獨一無二的內在狀態，而這份真實，無法外包。

第十二節　書寫者與被測者的心理場

心理場的定義與測字的隱性線索

在測字的現場中，不僅書寫者的筆勢值得關注，被測者與書寫者之間的心理場，更是潛藏於字跡之外、不可忽視的能量互動。心理場，亦即心理能量場，是榮格學派與現象學心理學中所提及的「情境共振」狀態，意指兩人或多人在共同心理情境中產生的潛意識共振關係。

心理場影響書寫意圖與筆勢走向

當書寫者與被測者是同一人時，這份心理場是內在對自身命運的映照；但若分屬兩人，心理場的投射就可能牽動書寫者的筆勢。例如：一位母親代替病中兒子書寫，雖筆跡出自她手，但在「為對方書寫」的情境中，她所展現的筆勢，混合了自己與孩子的情緒狀態，筆畫之間夾帶壓抑、期望與祈願，這些情感印記成為測字的潛臺詞。

心理連結強度決定筆跡準確性

書寫者與被測者之間若具高度心理連結，筆跡便可能涵納雙方能量場。例如長期相處的夫妻、密切合作的夥伴或靈性連結深厚的親屬，其心理場交融強烈，書寫者往往能「不自覺」寫出接近對方狀態的筆畫結構。此類筆跡雖非親筆，卻呈現某種心理投射的可信性，測字師可酌情納入判讀依據。

心理場失衡導致測字扭曲

若書寫當下心理場不穩，如書寫者懷有敵意、不安或懷疑，被測者則處於焦慮或否認狀態，雙方的能量場可能產生抗拒或混亂。這將導致筆勢出現斷裂、疊字、異常重筆等扭曲現象。測字師須藉此辨識出現場潛在的心理對抗，並提醒書寫者是否能誠實面對自己的處境與情緒。

筆跡中的情感投射與遮蔽現象

一項關鍵現象，是在心理場高度緊張或親密中，書寫者可能無意間投射出過度的自我期望或恐懼。例如一位妻子為丈夫書寫事業運勢的字時，筆畫呈現上升趨勢與膨脹特徵，象徵她對丈夫升遷的渴望；但測字師從中亦見壓筆與重覆回筆，推論其內在其實懷有焦慮與不確定。這種書寫非但無法還原真實狀態，反映的只是代寫者自身情緒與期待的縮影。

測字師與書寫者之間的心理場關係

此外，測字師本身亦是心理場的參與者。若測字師與書寫者產生強烈共感，可能使判讀更精準，但也可能落入同理過度的陷阱，誤將個人投射帶入分析。心理學家榮格曾警示：「分析者須時刻警覺，自己也身在病人的夢境中。」測字師同樣需自我校正，維持客觀與感知力的平衡。

實務技巧：建立穩定的心理場

為避免心理場干擾測字判斷，資深測字師常會進行「情境去偏化」準備工作，例如：書寫前先靜心，與書寫者簡短對話以穩定能量場；選擇安靜、明亮、空氣流通的書寫空間；避免旁人干擾與緊張情緒干擾。這些操作並非神祕化，而是基於潛意識對環境極度敏感的認知。

結語：筆跡是心理場的證據之一

書寫從來不是單一行為，它始終處於心理場的包圍之中。每一筆畫所流露的不只是個人內心，也可能牽動與他人的情感網絡。唯有理解心理場的存在與強度，測字才能從表面進入深層、從字體走向心境，真正實現「以字觀人、以勢測命」的洞見。

第三章
一字見乾坤：單字解析的技法

第一節　如何選字進行測解

選字的起點：隨機與直覺之間

在測字術中，「選哪一個字來解析」是進入預測與心理洞察的第一道門。「一筆書來見天地，半字之間識乾坤。」此即說明，選字本身就是一種帶有潛意識導引的行為。現代心理學亦指出，人在面對選擇時，即使以為是理性判斷，實則多數決策源於內在情緒與無意識反應，因此，所選之字即為當下心理能量與命運狀態的投射。

情境決定選字方向

選字通常依據情境分為三類：其一為「主動書字」，即由當事人根據當下感覺寫下一字，例如心情低落時寫下「困」或「悶」，此類選字最能映照內在；其二為「應用語境」，如詢問感情問題時寫「愛」、工作問題時寫「業」等，藉由具代表性意象作為觸媒；其三為「隨機挑字」，如抽籤式從文字庫或報章中隨手取一字，這一方式最能測出命運的巧合性與宇宙隱喻。

動筆前的心理準備

選字前的心理狀態直接影響字的品質與能量反應。建議當事人在選字前可短暫閉目，進行數次深呼吸，集中當下思緒，再自然浮現一字並寫下。這種方式不僅能避免外在干擾，也讓筆下所顯更貼近潛意識深層訊息。就如同榮格所言：「潛意識會透過最不經意之舉，透露你最深層的答案。」

字的性質與測解難度關聯

不同類型的字，其測解難易度亦有差異。常用字如「心」、「人」、「道」、「財」，因文化意涵豐富、部首清晰，較易判讀；而生僻字、虛詞、或筆畫過於繁複的文字，可能反映複雜情緒但亦增添解讀難度。測字師應依書寫者狀態，適度引導其選擇具有象徵性、結構穩定的文字，以利後續解析。

選字的反向觀察：逃避與否定

有趣的是，某些當事人在選字時，會下意識避開真正想寫的字。例如一位情感焦慮者，刻意不寫「愛」，轉而寫下「冷」，這種逃避常是潛意識的保護機制。測字師可藉此觀察其「所寫與未寫之間」的心理斷裂，進一步探詢其真正關注的焦點與內在矛盾。

結語：選字是打開心靈之門的鑰匙

字雖小，選它卻是一種宇宙呼應。在測字術中，選字如同起卦、翻牌、抽符籙，是進入解碼的起點。一個字，即是一個宇宙，一筆落下，即是心理與命運的相遇。明確而真實的選字，是成功解讀的第一步。

第二節　常用吉字與凶字解析

字的象徵價值與文化意涵

每個漢字都承載著時代文化與心理投射，其形、音、義不只是語言單位，更是象徵結構的載體。從甲骨文至今，許多字在歷史中逐漸形成特定情感與命運意涵。例如「福」、「壽」、「安」自然成為吉字，「病」、「破」、「危」則被視為凶兆，這種分類不只因其字義，更在於其形構中蘊藏的深層心理效應與社會共識。

吉字解析：穩定與希望的載體

常見吉字如「福」、「財」、「喜」、「順」、「興」，多具有以下共同特徵：

- 部首吉祥：如「示」、「貝」、「禾」等象徵祭祀、財富與收成。
- 結構開展：多為左右開張、上升趨勢，如「興」字雙步並進，象徵事業並進。
- 筆畫平衡：吉字往往呈現對稱穩定，予人穩妥與信賴之感。

以「安」字為例，上為「宀」（屋簷），下為「女」，象徵婦女安居，其形即含有歸屬、安全與溫暖等心理意涵，長期被用來祈願家和萬事興。

凶字解析：不安與破裂的暗示

相對地，凶字如「破」、「病」、「險」、「危」、「喪」等，常具備下列特徵：

- 結構失衡：如「危」字上實下虛，重心懸浮，象徵根基不穩、處境危機。
- 意象破損：如「破」含「石」與「皮」，暗喻外力破裂與保護失效。
- 筆畫尖銳或斷裂：如「病」中「丙」為中斷象徵，「疒」為病床意象。

值得注意的是，凶字並不等同於不吉之命，而是提示潛在問題與需注意的風險，若能及時面對與轉化，亦可能由凶轉吉。

吉凶轉化：一體兩面的測字智慧

吉字未必永遠代表順利，凶字也不一定注定厄運。例如「危」若筆勢上升、結構平衡，可視為「高處不勝寒」的提醒；

而「破」若出現在結束一段困境之後，可能象徵重生契機。測字不僅解讀字義，更需判斷筆勢、當事人心境與提問情境，才能轉化字意、洞悉變局。

文化與語境對吉凶判斷的影響

字的吉凶也受文化脈絡與語境影響。例如「死」在喪葬文化中被視為大忌，但在宗教或靈性修行中卻象徵「重生」與「超脫」。同樣，「空」在商業中可能意指損失，在禪宗則代表圓滿。因此測字時應充分理解提問者的背景與文化，避免僵化判斷。

常見字彙表：吉凶初判參考

類型	字例	備注
吉字	福、安、順、興、旺	結構平衡、意象吉祥
凶字	病、敗、亂、危、絕	結構尖銳、意象負面
可轉化字	破、變、空、死	依提問背景可成轉機

結語：字是靈性的鏡子

測字所見，不僅是字表面的喜凶分類，而是一面映照內心世界與外在情境的鏡子。吉字提醒珍惜，凶字警示修正；真正的智慧不在於避凶趨吉，而在於看見字裡行間的動能，與之共振、與之和解。

第三節　拆字術與內部結構解讀

拆字術的核心：由整體見細節

拆字，是測字中最具象徵與邏輯交錯之術，其精神來自「以小見大、由表入裡」的哲學觀。透過將一個漢字拆解成部件、部首或音義元素，測字者得以深入剖析其內部結構，探查字中所藏之吉凶象徵。此法源遠流長，自《說文解字》以降，漢字結構一直被視為文化與命運的載體。

橫拆、直拆與形拆三種技法

拆字法主要有三種方式：

- 橫拆：將字按左右分拆，如「信」可拆為「人」與「言」，象徵誠信在人言中展現。
- 直拆：自上而下分拆，如「意」可拆為「音」與「心」，象徵心中之音，即潛意識。
- 形拆：以筆畫組合或象形思維解析，如「危」雖常誤拆為「石」，但其實下部是「㔾」，象徵蹲坐或受制，呈現不穩定狀態。

這三種拆法需靈活運用，視個案提問與書寫筆勢靈感而定。

從部首洞察命運焦點

部首為字之骨架，影響測字判讀深遠。如「火」、「水」、「心」、「言」常被視為感情與情緒的指標；「金」、「貝」、「石」則多與財務與現實層面相關。當一字包含多個部首時，測字者需判斷其主體性與輔助性，並結合提問主題進行推論。例如「談」拆為「言」與「炎」，可能象徵言語激烈、溝通過度或爭論之象。

結構斷裂的隱喻意涵

當一字筆畫未連、結構扭曲，往往象徵書寫者內心矛盾、斷裂或不完整的心理狀態。例如「家」字若「宀」與「豕」分離，可能象徵家庭失和或居無定所；若「喜」中「口」未成方形，象徵情感表達受阻、歡喜之事不全。這些微妙結構，需與筆勢、書寫者心理狀態綜合判讀。

靈活運用與慎重解讀的平衡

拆字術雖巧妙，但亦易流於過度聯想。測字師須掌握象徵心理學與語言學基本原則，避免主觀投射。可參考榮格 (Carl Gustav Jung) 的集體潛意識架構與佛洛伊德 (Sigmund Freud) 的語言錯誤理論，以拆字為符號語言的管道，解碼當事人無意識的生命訊號。

結語：字之結構，映照命運的紋理

每一個字，都是命運的象徵拼圖。透過拆解，我們看到的不只是語文邏輯，更是人心的結構與生命的伏線。拆字，不是解構，而是復原——還原書寫者當下心理的投影，映照其所處命局之勢。真正的拆字師，是符號與心理之間的翻譯者，也是命運之語的解讀者。

第四節　對稱與鏡像的哲學意涵

對稱之美：從字形映照內心秩序

對稱是漢字結構中一種深具審美與哲學意義的安排，它不僅展現視覺上的平衡，也隱含心理層面的穩定與和諧。當書寫者選擇或自然書寫出對稱字時，往往反映其對當下生活的某種期待與控制感。舉例來說，「品」、「林」、「森」這類對稱字常出現在期望平靜、聚合或層次分明的提問中。心理學上，對稱也被視為一種對混亂現實的抵抗，是潛意識中尋求秩序的象徵動作。

鏡像思維：文字中的自我投射

相對於對稱，鏡像則是一種較動態的認知結構，特別當書寫者在字形中產生左右相反、上下對調的筆誤時，鏡像書寫往往是潛意識的信號。舉例來說，有人將「月」寫得左右顛倒，或將「心」偏向左下極端，可能反映其內在對自我形象的模糊，甚至在關係中常處於投射與防衛之間。心理學上這屬於「自體鏡像失調」的微表現，其背後隱藏的常是未被意識處理的情緒暗湧。

漢字結構中的對稱分布

有些字先天具備對稱特性，如「田」、「回」、「昌」、「典」，其結構內外呼應，常被用來測試一個人的精神聚焦能力與目標一致性。此類字若書寫穩定、筆畫齊整，通常顯示書寫者心境平和，若筆觸顫抖、重心偏移，則可能反映當事人決策動搖或情緒未定。測字時，這些細節對於解讀流年轉折或家庭關係特別重要。

鏡像錯位的心理象徵

當一個字在筆畫或部件位置上產生鏡像錯位，例如將「友」寫成「又」與「反人」，或將「良」的「艮」部拉高到不自然位置時，可能象徵書寫者對「朋友關係」或「道德標準」的混淆與焦慮。這些筆誤非單純錯寫，而是潛意識以鏡像方式對某個議題做出反轉或隱蔽的表達。

符號學中的對稱哲學

從符號學與哲學的角度來看，對稱是一種意義的強化與重複，它讓原本抽象的象徵變得可辨、可依賴。榮格認為曼陀羅的圓形與對稱結構象徵心靈整合，而漢字中的對稱字就如同日常生活中的曼陀羅，它讓人感到心安。鏡像則提供了一種變異與轉化的可能，讓被壓抑的情感以扭曲方式浮現。

結語：心的結構，藏在筆下的對稱與倒影

測字，不只是解字，更是觀看心靈映射的藝術。對稱給人安定與秩序，鏡像則提醒我們潛藏的矛盾與變動。在這些筆畫安排之中，顯露的是人對生活的調適、對情緒的整理與對未來的投射。透過對稱與鏡像的辨識，我們不只能讀字，更能讀懂書寫者未竟的話語。

第五節　字中隱藏的五行屬性

五行理論與字形的交會

五行（金、木、水、火、土）是中國傳統哲學的重要基石，廣泛應用於命理、醫學與占卜之中。測字術自然也少不了五行的陰影，漢字的筆畫、部首乃至整體結構皆可歸屬於五行之一，這種分類不僅反映出字義，更牽動對人生不同面向的判讀，例如財運、感情、健康與事業。

部首對應五行的通則

最常見的分類方式是以部首作為五行依據：

- 金：含「金」、「釒」、「刂」、「戈」、「辛」等部首，象徵權力、果斷與剛性，例如「釘」、「銘」、「利」。
- 木：含「木」、「艹」、「竹」等，與成長、靈活與教育相關，如「林」、「籌」。
- 水：含「水」、「氵」、「冫」、「雨」等，代表變動、情緒、智慧與財運，如「江」、「清」、「法」。
- 火：含「火」、「灬」、「光」、「赤」等部件，象徵熱情、衝動與破壞力，如「照」、「烈」、「燃」。

- 土：含「土」、「山」、「阝」等，與穩定、現實與支持性結構有關，如「城」、「堅」、「峰」。

此分類為基礎法，然仍需結合字形整體架構加以調整，避免過度簡化。

五行衝突與命運波動

當測字結果中多個字五行互剋，例如「火」字與「水」字並現，或「金」字壓「木」字，常被視為流年中會出現內外壓力或重大抉擇。相反，若五行彼此生助，如「木」旁有「火」、「土」旁有「金」，則意味貴人助力或資源整合順利。這些對企業選名、產品命名或人生決策具高度參考價值。

應用實例：從字看人事起伏

以某人求測新工作是否適合，他書下「適」字。該字從部首「辶」看屬水，主流動與轉變，而主體「啇」字中含「商」與「口」，屬金與人際口才。此字五行中水生金，代表流動帶來口才發揮之機會，吉象。但若書寫中「辶」偏枯或斷裂，則可能象徵交通不順、搬遷不穩或內部溝通問題。

結語：五行之理，藏於筆下細節

五行理論雖古老，卻未曾離開我們的書寫。每一個字，皆是陰陽動靜的縮影。測字時能洞察五行交錯，不僅能辨識眼前困局，更能預見潛在轉機。五行非為神祕術數，而是觀人觀事的象徵系統。懂得解讀五行，也就懂得如何在命運中調節力道與方向。

第六節　字意與生肖、時辰的配合

字與命格的聯動視角

在測字術中，單一字的象徵意涵並非固定，而是與個體命格動態緊密連動。命理學認為，生肖與出生時辰構成了個人八字命盤的核心，而字的選擇與解析若能配合這兩項條件，將能更貼近命主的實際運勢狀況。本節將探索字形與生肖、時辰之間的呼應關係，協助讀者從多維度理解測字結果。

生肖與字意的相生相剋

十二生肖分屬不同五行與方位，若字的五行與生肖互生，則主吉利，若互剋，則應多加審慎。例如：

- 屬鼠（水）者，宜用含「金」、「水」、「月」等字形，如「海」、「銀」、「潤」，避免用「火」、「馬」象徵之字。
- 屬馬（火）者，宜用「木」、「火」、「日」相關字，如「昇」、「榮」、「熙」，忌見「水」、「鼠」形或象。

在測字中，若當事人寫出與其生肖相剋之字，如屬牛者寫出「虎」或「未」，可能意味內心矛盾或外在人事干擾。反之，若不經意寫出與自己生肖相生字，則常是機緣轉化的跡象。

時辰與字象的互應關係

出生時辰（子、丑、寅……至亥）也帶有陰陽與五行的特徵。測字時可觀察字形筆勢與時辰性質是否共鳴：

- 午時（火旺）出生者若寫出「炎」、「烈」、「照」，表示當下狀態與本命呼應，為運勢流通之象。
- 子時（水旺）命格若出現「泣」、「冷」、「沉」等字，須觀察書寫是否受情緒影響，或有負面潛流。

有趣的是，當一人處於低谷時，若測出與其時辰相剋的字，反而顯示他正在經歷內在掙扎與調適，是轉化的前奏，而非全然凶兆。

字義象徵與生肖性格的潛在關聯

每個生肖對應不同性格傾向，例如屬龍者常具主導力與冒險心，若測字時傾向寫「穩」、「守」、「靜」等字，反可能是潛意識對自我壓力的反思與調整訊號。反之，若生肖本身內斂（如兔、牛），卻寫出「破」、「奔」、「飛」，或許顯示命主當下正處於突破期。

實例解析：生肖與字象的互動

一位屬虎的女性，在求問婚姻時寫下「橋」字。該字左為「木」，右為「喬」，整體高聳結構代表她期待穩定結合，但「喬」中含「喬裝、偽裝」之義，顯示其內心對伴侶關係尚存疑慮。虎屬木，木遇高峰不失為良機，但若結構偏斜，則是失衡之象。其時辰為申時（屬金），木剋金，此字雖初看吉利，但暗藏克制與壓力，需從容應對婚姻中的期待與現實落差。

結語：時命與字形的共振視野

測字之所以玄妙，在於它不僅解字，更牽動個體生命節奏。將字義與生肖、時辰相結合，是讓測字跳脫靜態象徵，轉為動態預判的關鍵方法。當字象與命盤共振時，便能窺見命運伏線，也能順勢轉運。字不離人，人不離時，而理解這三者的交會，正是測字術的核心智慧。

第七節
「中」、「口」、「心」等常見部件的測法

部件作為測字象徵核心的由來

在測字實務中，單字的拆解與解析往往不僅限於整體結構，而更聚焦於其中反覆出現、具強烈象徵意涵的部件。某些部件之所以頻繁成為解字關鍵，是因其本身就具備強烈的文化投射與心理符號性。「中」、「口」、「心」即是其中最為人熟悉且意涵豐富的例子。

「中」字部件：決斷與內外平衡的象徵

「中」本為「一箭穿心」之象，原意即在命中要害或中心。在字中出現「中」者，如「忠」、「衷」、「沖」，通常象徵當事人正處於一種抉擇交界、內外張力平衡或需要精準表態的處境。若「中」部歪斜，表示其中心未穩，象徵決策搖擺；若「中」劃過深，則可能顯示行動過激或意圖過強，需審慎因應。

「口」字部件：言語、社交與壓抑的指標

「口」作為器官象徵，其字形出現於「問」、「唱」、「語」、「喝」、「喊」等字中，主與說話、溝通、情緒表達密切相關。

測字時若當事人書寫帶「口」的字，尤其反映其當前對話語權、表達欲或人際互動的狀態。如「喝」中「口」與「曷」結合，顯示怒意與外放表達。

心理學上，口部象徵壓抑與釋放之間的張力。若「口」寫得過大，可能是潛意識中有過度表達或無法被聽見的焦慮；若書寫不成形，則多為溝通意圖受挫的反映。

「心」字部件：情感核心與隱密動機的浮現

「心」在漢字中地位特殊，既作本體字，也為構字部件，如「悲」、「恨」、「想」、「懷」等皆由「心」引導其義。測字中出現「心」者，多與感情、內在欲望或心理傷痕相關。「心」部若筆畫強烈、突出者，顯示情緒外露，反之則可能是長期壓抑與內耗。

值得注意的是，「心」的偏旁形式「忄」與字體結構關聯甚深。若「忄」偏離主要字身，代表感情問題處於邊緣狀態；若「忄」下筆重或歪斜，則有情感動盪、決策失衡之象。觀察「心」與其他部件如何互動，有助於洞察當事人感情困境與情緒慣性。

部件之間的互動關係

當一個字中同時出現上述部件，需特別觀察其排列順序與結構重心。例如：「忠」為「中」加「心」，為從心出發、立於中正；若書寫者將「心」寫得過大，表示情感壓倒理性；若「中」寫歪，則決策難定，忠誠之意被偏見遮蔽。同理，「問」中「門」將「口」包裹，既可視為對外探索，也可能意味內心封閉，端視字形重心與筆勢走向而定。

實際應用舉例：三部件交錯的測字分析

某人問事業未來發展，書寫「懇」字。該字下方為「心」，右上為「艮」，整體結構中，「心」的比例最大，表示其感情用事非內在壓抑，且「艮」本象止步、山之意，顯示其內在有所保留。再觀其書寫時「心」部失衡、顫抖，可能代表此人表面誠懇，內心卻懼怕變動，尚未下定決心面對挑戰。整體來看，此字雖具正面意涵，但細節暴露潛在阻力。

結語：細節部件藏天機，筆畫之間見人心

「中」、「口」、「心」作為高頻象徵部件，不僅是語義的傳遞工具，更是潛意識顯影的觸媒。透過對這些部件的拆解與觀察，測字師能更貼近書寫者當下的心理風貌與生命焦點。字雖靜，意在動；部件無聲，然語言心事於無形之中已悄然顯現。

第八節　自我測字與他人測字差異

測字角色的轉換：主觀與客觀之間的張力

測字術表面上是字形解析，實則深植於主體意識的投射與閱讀之間。自我測字與他人為之，雖同樣以字為媒介，卻因測者與被測者的心理位置不同，而展現出判斷傾向、詮釋角度與象徵召喚力的巨大差異。本節將從心理學與符號學的角度探討兩者在結構、效果與潛意識機制上的分野。

自我測字：潛意識的直接映現

當個人主動書寫字詞進行自我占測時，其筆畫、字形選擇與構圖結構多為無意識驅動。榮格曾言：「人最不了解的，是自己潛藏的意圖。」此類自測最能反映當事人深層焦慮、願望與未被意識到的心理狀態。例如：正面求職問題時卻書寫「逃」字，可能即為自我保護機制下的情緒本能。

然而，過度自我詮釋也可能落入「選擇性關注」與「自證偏誤」，即當事人傾向看見他想看見的字義。此時，若無他者協助平衡觀點，將可能使解字失焦，錯失警訊。

他人測字：第三者視角與象徵精準度

由他人書寫或解字的方式，較能維持一種詮釋上的客觀距離。此時測字師不帶個人情緒干擾，能聚焦於字形與象徵間的關係、筆畫走向、部件布局等更為形象的訊號。從精神分析的角度看，當事人投射於他人解釋中，更易接受潛藏訊息的揭示，類似佛洛伊德所稱的「移情作用」。

舉例而言，一名測字者在感情不穩時書寫「橋」字，自我解釋為修復關係的象徵;而第三方卻觀察到該字中筆畫顫抖、重心偏移，指出其實潛意識中已存在想逃離之意，甚至橋未通之象。這種外部觀察往往較為中肯，也能促進自我覺察。

書寫者與解讀者的能量交會

除了心理視角外，測字亦講求「氣場」或心理場。書寫者與解讀者之間若互信互感，則字的能量流轉將更順暢，資訊流通不受阻礙。反之，若雙方關係緊張、防衛高張，則筆跡易扭曲、象徵模糊，解字者也可能投射偏見於判讀中。

因此，有經驗的測字師會在解讀前營造開放、安全的對話氛圍，甚至讓書寫者重複測字，以降低一次性情緒干擾。

實例對照：自測與他測的觀點落差

某女性求問是否應離職，首次自我測字為「守」，自解為需穩定、繼續留任；後經他人建議，再請測字師協助，測得「破」字，書寫中「石」部極為突出，象徵內心有被壓力擊碎之感。兩字比較之下，顯現其自我測字中壓抑與合理化的傾向，而他人測字則道出真正的不安與隱痛。

測字關係中的倫理考量

值得提醒的是，無論自測或他測，解字皆需謹守心理倫理原則。解讀者不宜強行灌輸斷定式結論，也不應因測出凶象而製造恐慌。測字之本意在於助人明辨、提供心理支持，而非替代命運判官。

結語：同一個字，映照兩種世界

自我測字與他人測字之間，是意識視角的交錯、象徵語言的再詮釋。前者像照鏡，易被自我形象所限;後者如觀畫，能從外部觀看內在劇場。真正成熟的測字，不是預言未來，而是透過字象促使自我整合，讓人於紛擾中重建內心秩序。

第九節
一字改運：如何選擇名字中的字

姓名作為能量場的延伸

名字不僅是人的代稱，更被視為承載個體氣場與命格的重要符號。自古以來，「名不正則言不順，言不順則事不成」的觀念深植人心。在測字學中，名字的選字關乎音韻、筆畫、五行、生辰與象徵意義的綜合調和。本節將說明如何從字義與結構挑選對應命格的吉字，達到調運與助運之效。

改名與補運：心理與能量雙向運作

「改名改運」的說法常被誤解為玄學迷信，實則其作用一方面來自心理暗示，一方面來自文化符號系統對自我形象與外部認同的再建構。例如一位自覺命途坎坷者，若將名字中原為「坤」、「彤」的字改為「耀」、「昇」，不僅象徵能量上升，也可激發自信與動力，潛移默化地改變處世態度。

挑選吉字的五大原則

- 音韻協調：避免與八字不合的音聲，如金命忌用音響厚重或聲勢濁強之字（如濤、雷）。

- 筆畫吉數：根據五格數理學，總筆畫應避開凶數（如14、19、34）。
- 五行互補：名字總五行應補足八字缺項，如命局缺火者，宜用「日」、「光」、「炎」等字。
- 字形穩定：筆畫清晰、結構勻稱者象徵能量流暢，不宜使用結構扭曲或過於生僻之字。
- 象徵正向：字義應具備積極內涵，如「謙」、「智」、「誠」、「翔」等，有助於建立良好人際與職場形象。

個案示例：從改字看運勢轉折

一位年輕男子原名中帶「疒」部件之「痕」字，經常感到身體不適與職涯停滯。經命理師建議後，改名為「朱宏翔」，筆畫為25畫（總格吉數），並引入「宀」與「羽」之意，象徵穩定與飛升。三年後，其從基層晉升為部門主管，自述在心理與實際層面皆有重大改變。儘管無法完全歸因於改名，但其帶來的心理重啟效果不容忽視。

名字中的第一字與第二字分別象徵什麼？

在雙字名結構中，第一字常象徵個人主體能量，如性格、志向與精神特質；第二字則為外部表現面，如行動力、人際回應或外在事件反應。選擇時宜使兩字平衡互補，避免兩字皆屬陰柔或陽剛，或一字過強而一字過弱。

名字改與不改之間的思維抉擇

不是所有人都需要改名。若名字雖無「吉相」，但與本人使用習慣、社會網絡已深度連結，勉強更改反可能造成心理混亂或認同斷裂。因此，是否改名需依據整體命理分析與個人意願決定，而非一時感應所致。

結語：字可改命，心才能轉運

名字雖由人取，卻伴隨一生，既為社會符號，也為內在身分的鏡像。若能善用改字之術，依命格與性格調整字義，不僅能趨吉避凶，更能在心理層面建立嶄新自我圖像。改的不只是字，更是一段對生命重新命名的歷程。

第十節　單字對應人際關係暗示

字如其人：從字象看社交模式

在人際互動中，每個人所選用的語言、表達與字詞，其實都潛藏著深層的心理傾向與關係取向。在測字學中，單字不僅代表個人狀態，也可映照其對他人的連結方式。例如：有人習慣在書寫中頻繁使用「合」、「和」、「交」、「誠」等字，其實暗示他在人際互動中傾向於追求協調與穩定；反之，若常出現「拒」、「斷」、「防」、「獨」等字，則可能反映其內心設有距離、防衛或疏離傾向。

關鍵字部件所帶來的關係意象

在實務操作中，測字師會特別注意以下類型部件，作為觀察其人際傾向的參考：

- 「人」部：與個體互動有關，如「伴」、「侶」、「依」，若筆畫飽滿且排列得宜，顯示人際關係和諧。
- 「心」部：如「戀」、「憂」、「悅」等，常用於情感連結，書寫時若筆畫偏斜，可能暗示情感的不穩或依戀焦慮。
- 「言」部：如「談」、「誠」、「謊」，書寫粗重者，可能在溝通中傾向直率或過度強勢。

- 「口／囗」部：反映表達或沉默傾向，若頻繁出現但結構封閉，如「困」、「囚」，則可能暗示其人難以向外溝通或封閉自我。

從字的語義看關係樣貌

某些字本身即具有特定的人際語彙。例如「伴」象徵陪伴與共處;「避」代表逃避與防禦;「誠」顯示願意敞開心胸;「責」則常與責任與壓力相關。若某人自選測字時，傾向書寫這些字，即為無意識中對人際關係的投射。

舉例來說，若一位來訪者詢問其婚姻狀況，卻寫下「冷」字，則不難推測其目前關係中存在疏離、溫度不足之感；又若另一位書寫「依」字，則多為內心依附、尋求安全感之展現。

字形結構與人際互動特質的連動

單字不只是象徵，更透過字形結構透露出關係態度。以下為常見結構與其隱含訊息：

- 向內封閉型：如「回」、「困」、「囚」，筆畫圍繞中空，象徵自我保護、他人難以接近。

- 向外開放型：如「愛」、「迎」，筆畫開展，顯示對人友善、易親近。
- 上下分裂型：如「悲」、「惡」，情緒在不同層次交錯，代表矛盾或雙向拉扯。

實例分析：文字中的關係劇場

一名女性詢問是否該重新接受某段感情，測字時選擇「等」字。此字含「竹」與「寺」，象徵靜候與信仰，也顯示其內心尚在等待對方變化，期望重啟關係。而筆畫穩定、字形端正，亦表示她在關係中仍保有耐心與希望。若相同處境者選字為「斷」，則解釋大為不同，顯示其內心其實已然做出割捨決定，只待外力觸發。

關係中的反覆選字與心理定型

測字師也常觀察個案是否有「慣用字」模式，例如經常重複選字「忍」、「避」、「空」等，可能反映其在關係中的角色固著 (fixierung)，如逃避者、忍耐者或不介入者。這些慣性若能被察覺，即可作為未來改變人際互動模式的重要起點。

結語：字是關係的投影，關係是內心的鏡像

透過單字，我們不只看到一個語意，更是窺見一段關係的縮影。每一次書寫，都是內心對人際世界的回應。測字，不僅揭示人我之間的距離與靠近，也協助當事人覺察關係中的潛規則，重新建立情感的主體性與流動性。

第十一節　某些字為何特別靈驗？

靈驗感的來源：符號共振與心理投射

在測字實務中，經常有測字師或當事人感受到某些字特別「靈」，似乎與提問的情境格外契合，甚至在之後的事件中逐一應驗。本節將探討這些「靈驗字」之所以產生效應的背後心理與文化機制，其並非單靠神祕力量，而是結合潛意識的符號共振與文化語境的心理投射作用。

集體潛意識與符號載體的力量

榮格在其集體潛意識理論中提到，某些符號具有跨文化的心理原型效應。漢字作為形音義兼具的符號體，其圖像性、象徵性極強。當一字如「福」、「光」、「破」、「危」等長年累月被賦予特定語意時，其意象便深植於文化心理結構中，成為一種心理能量的「觸發開關」。此時，只要書寫該字，便可能引動深層的情緒與情境連結，使測字者與當事人感受到「中肯」或「準確」。

生活經驗與語言記憶的交疊

另一個關鍵因素在於個人生活經驗。每個人對特定字有不同的感受背景。例如對某人而言，「舟」可能聯想到旅行與轉變；對另一人則可能象徵漂泊與不安。這些記憶軌跡與文化語言經驗交織，使字在解讀中產生強烈共鳴。

某些字如「轉」、「破」、「起」、「終」，因常見於人生重大節點（如轉職、離婚、死亡、重生），而在語言使用與心理結構中有特別高的「心理喚起性」。這些字在測字時，易被潛意識挑選，成為事件轉折的象徵錨點。

筆畫形構與能量聚散的隱喻

漢字的筆畫結構亦潛藏其「能量導向」。例如「興」字在古篆中源自兩人共同抬舉鼓樂的形象，由「舁」與「同」組成，有協力共振、眾人齊舉之義。其構形顯示出合作與提升的力量，筆勢整體向上延展，易被視為振作、發展與集體能量的象徵。相對地，「死」字封閉內聚，橫筆收束，象徵終結與壓抑。

靈驗常出現在此結構意象與當事人心理場完美「對頻」的時刻。換言之，一個字之所以「靈」，其實是字的形、義與個人處境間產生高共振頻率的表現。

實務案例：靈驗字的出現邏輯

一位女性在猶豫是否與男友分手時測得「界」字，當時解為「有界線、有阻隔」，她認為尚有距離。數週後她發現對方隱瞞家庭狀況，於是果斷結束關係，回想時對此字感到震撼。

另一位創業者詢問資金是否能順利到位，測得「引」字。當時以為象徵吸引資金，但不久後卻發生資金「被抽離」的狀況，驗證了此字的「引而不至」之象。這些靈驗感並非預知，而是潛意識對現實蛛絲馬跡的敏銳感受。

文化集體記憶中的靈字表

實務中，以下字詞被經驗測字師視為「靈性高」的常見字：

- 正向：光、啟、明、興、升、誠、心、聚、開、迎
- 負向：破、斷、死、困、危、敗、隱、離、冷、拒

這些字不一定本質上吉凶分明，但因文化語用與心理接受度高，易產生「應驗感」。

結語：靈驗，是心理與符號的完美對頻

所謂「靈驗」，並非命定的神祕力，而是語言結構、文化記憶與個人心理狀態在特定時刻產生共鳴的結果。真正的測字師，應了解此一符號心理學的基礎，尊重字義的多元面貌，並以同理心引導當事人從靈字中覺察內在訊號，而非依賴「準」與「不準」的二元觀念。

第十二節　測字與願望成真的關聯

願望與書寫：從意圖到實現的心理鏈

測字之所以與願望實現息息相關，並非來自神祕預言，而是一種「內在動機的顯化機制」。當一個人書寫某個字時，其實早已在心理上將個人欲望、期待與焦慮投射至文字當中。這種由心而發的意圖不只存在於意識層面，更透過下筆的動作將其定型於紙面，也就成為一種行為暗示與心理啟動的儀式。

意圖設定與「吸引力法則」的文化心理版本

心理學家如艾倫·蘭格（Ellen Langer）提出過「意圖設定」的概念，指人們透過專注地設定目標與行為預期，能強化內在的行動傾向與感知敏銳度。在測字中，自選的字常帶有「盼望」或「預測」的傾向，這與近年流行的「吸引力法則」概念相通：你如何看世界，世界便如何回應你。測字作為一種象徵性行動，實際上強化了個體對目標的關注與調動內在資源的意願，從而讓願望實現的可能性提升。

文字的象徵催化作用

漢字作為象徵性極高的語言單位，當我們書寫一字如「開」、「升」、「聚」、「滿」時，不僅將抽象願望轉化為具體形式，更是透過文字將內在心理圖像投射至外部世界。這樣的書寫行動猶如一種心理契約，促使個體行為模式與環境選擇更貼近此一象徵意涵，進而影響決策與行動方向。

願望測字的實例與回應性

一位準備海外深造的年輕人在測字時選下「越」字。當時僅以為象徵「越過困難」，但兩年後不僅順利取得獎學金，且更深入探索異文化，甚至落地創業。他認為，「越」一字早已預示他的生命跨越。另一位創業初期的女性書寫「升」字，隨後她在職涯中接連獲得晉升機會，並將此字框起作為激勵。

這些事例並非「神蹟」，而是文字作為意圖載體，使人願意更專注、投入、耐心等待並積極創造條件。心理學上稱之為「自我實現預言」（self-fulfilling prophecy），即信念本身影響行動，行動進而改變結果。

負面願望的陷阱：文字的雙向效應

然而，若個體在測字中傾向使用如「怕」、「失」、「離」、「敗」等字，也可能無意間強化內在的負面信念與情境預期，形成「逆向實現」的風險。這些字若未經調整與引導，反而可能將焦慮或挫敗「寫死」在潛意識中，成為自我設限的咒語。

因此，測字過程中，測字師需留意個案所選字是否過於負面，並以詮釋方式重新賦予希望與能動性的語境，如將「敗」解讀為「再起之前的階段」，將「離」視為「空間讓渡與重整」。如此轉譯，才能將字由封閉轉向開展。

結語：書寫願望，是行動的開端

測字，不只是預測未來的工具，更是一種願望管理與心理觸媒的實踐過程。當我們選擇並書寫一字時，其實也在書寫自己的命運傾向與行動軌跡。願望的成真，從來不只是等待，而是從那一筆一畫開始，讓信念化為力量，讓字義成為行動的路標。

第四章
雙字對照：關係與互動的命運密碼

第一節　名與字、姓與名的搭配觀

姓名結構的文化心理學意涵

在東亞漢字文化圈中，姓名不僅是個體辨識的符號，更承載了家庭期待、社會角色與命運走向的深層象徵。從《說文解字》以降，文字被視為承天法道的媒介，而姓名組合的邏輯，則蘊含一種潛在的生命程式。姓為源，代表血統、族群與根本能量；名為用，代表個人志向、發展與未來路徑。若姓與名在字形、音韻、義理或五行上產生協調，則其人往往在人際互動與自我認同上較為順遂；反之，則可能出現生涯卡滯或性格矛盾的現象。

姓氏為根的象徵起點

在傳統觀念中，姓氏通常以單字為主，源於家族系統與歷史血脈，其本質上是一種穩定力量。例如「林」、「王」、「陳」等姓，其字義與筆勢皆具有濃厚的聚合性與世代傳承意象。當姓氏本身帶有強烈形象時，所搭配的名字更需考量動態與內涵的平衡。

以「林」姓為例，二木成林，本就富自然之勢，若搭配「森」、「樺」、「榮」等同屬木部字，則可能過於繁密，易形成能量堵塞；若選「安」、「希」、「亮」等開放而輕盈之字，反能展現疏朗與生機。此即所謂「形象消長」的搭配觀。

名為志向的流動之氣

姓名中的「名」通常由一或兩字構成，若為單名，則承受較強的個體特徵，能量集中但易偏頗；若為雙名，則有陰陽互補、五行調和的可能。在測字觀點中，名之筆畫、部首、結構、音義皆不可忽視。

以一位名為「怡婷」的女性為例，「怡」為心部，代表內在情緒安定，「婷」為女部，象徵外在儀態端莊，整體筆勢呈現左低右高，暗含內斂後進之氣，若其姓為「李」，則「李怡婷」一名，在音義、結構與五行上（木－心－女），形成內柔外雅、成長平穩之勢。

搭配觀的象徵心理與實務原則

姓名搭配除了音韻流暢與書寫美感外，測字學更強調字與字之間的心理共振。例如：「張揚」一名，若姓張，名又為揚，則音義重疊，可能出現性格外顯、易衝動之象；而「張和」則相對和緩，具有穩定與協調的象徵。

實務上，可依下列原則進行姓名搭配：

- 音韻協調：避免諧音不雅，聲調過於激烈或單一音節。

- 筆畫平衡：名字總筆畫與姓的筆勢要有動靜之分，避免過度密集或筆畫懸殊。
- 義理互補：名中兩字語義宜有主從關係，避免重複或對立。
- 五行調性：字義及部首可參照五行，以調整命盤缺陷或加強優勢。
- 形象互構：字形可互為補強，如「明」由日月組成，與「晟」、「晉」等字搭配有光明拓展之象。

測字觀點下的姓名修正建議

若個案在生涯中長期遇到瓶頸，或人際上經常誤解衝突，測字師可透過分析其姓與名的搭配關係，尋找內在矛盾與象徵訊號。例如：一名為「陳剛烈」者，若常遇溝通困難與剛性對抗問題，便可建議適度柔化用字，如改為「陳宇哲」，保留男性氣質之餘亦帶有智慧與包容。

此類修正，須在尊重原有命名意圖之上，結合當事人處境與心理傾向，並非盲目改名，而是調整文字能量與內在頻率，使姓名真正成為命運的助力。

結語：姓名，是書寫命運的雙字詩

從測字觀點來看，姓名並非單純的代號，而是人格、能量與命運的濃縮圖像。透過對姓與名搭配的深入理解與象徵解構，我們能夠更清晰看見個體的潛力方向與可能瓶頸。正如書法中的雙字聯句，一橫一豎間藏乾坤，一筆一畫中有命數。姓名，既是文字，也是運勢，是我們寫給未來的一封封不斷展開的詩。

第二節　情侶名字測字關係分析法

名字作為關係潛意識的映照

在測字學中，名字不僅反映個人特質，更能在情侶互動中顯示雙方的心理契合與關係潛流。姓名中的字構、音韻、五行與象徵意涵，交織成一張無形的關係網。情侶之間的名字對照，若能和諧互補，往往關係穩定；若互剋或字義對立，則可能顯露出潛在衝突與互動模式的不對等。

雙字互對的基本分析原則

分析情侶名字時，測字師常採用「對照分析法」，即將兩人名字並列，從以下面向切入：

- 五行流向：觀察字義與部首所對應的五行（如「木」、「火」、「土」、「金」、「水」）是否流通順暢，或產生剋制。
- 筆勢動態：字形的上下左右結構是否形成支持與對應，抑或互背與阻隔。
- 語義象徵：詞義是否呈現互補（如「安」與「強」、「海」與「舟」），或產生潛在張力（如「盛」與「衰」、「開」與「閉」）。
- 發音共鳴：聲調是否協調，語感是否圓融，或產生衝撞與拗口。

實例分析：兩組名字對照

一對名為「家凱」與「宜蓁」的伴侶，其字義分別為：「家」象徵穩定空間，「凱」為勝利與前行；「宜」代表和諧適合，「蓁」為草木茂盛。整體觀之，兩人名字皆帶有家庭與自然之象，且五行上木土互生，暗示關係中的互補與支持。果然，兩人在交往中分工明確，互信基礎強，具備共同發展的潛力。

相對地，一對名為「志遠」與「靜萱」的情侶，則呈現微妙差異。「志遠」代表志向高遠，內在主動外展；「靜萱」則有安靜內斂之氣，筆勢多橫，動能較低。雖在初期關係中互補性強，但長期可能產生目標落差與情緒頻率錯位，需透過溝通與節奏調整，才不致失衡。

命名模式與角色傾向的關聯

有趣的是，部分情侶名字會呈現角色投射的傾向。例如：男性名字若多為剛直筆畫與聲調（如「強」、「鋒」、「昇」），而女性名字偏向柔和與意象（如「靜」、「柔」、「恩」），常預示其關係模式為主導與支持之分。但若兩人皆使用陽剛或皆偏陰柔之字，則可能形成平權互動或權力競合的動態，需視具體組合而定。

字與字的「共振點」：潛在互動的象徵語言

情侶名字中，若出現同一部件（如「心」、「言」、「女」），可能代表關係中共同的關注焦點或情感主題。例：「思」與「怡」皆含「心」，象徵情感敏感與溝通意願高；若為「浩」與「涵」，則水部相對，暗示情緒流動性高但易波動。

此外，若兩人名字可組合成新義字（如「文」與「采」形成「文采」之意），則象徵關係中有融合與創造力，亦是正向聯結的象徵。

注意對剋與語意失衡的情境

若名字中出現「相剋」結構（如一人名為「榮」，木盛；另一人名為「炘」，火旺，形成木生火但火剋木的情勢），可能造成情感消耗與互動中的壓迫感。又如一人名字帶「孤」、「絕」、「斷」等語意者，常暗示獨立或不易親近，若另一人名字多為依附或情感字，則需留意互動中的情緒不對等與依附型風險。

結語：名字，是關係的潛臺詞

透過名字的雙字對照，不僅可預測情侶間的互動樣貌，更可引導彼此自我覺察與關係修整。測字不只是尋找「適不適合」，而是一種關係語言的翻譯工具，幫助兩人在名字所隱含的象徵之中，看見更深的牽連與成長的可能。

第三節　雙字互動中的五行流轉

五行觀念與字義之連結

中國傳統哲學中的五行學說 —— 金、木、水、火、土，象徵著宇宙中萬事萬物的生克制化與流轉循環。這一理論被廣泛應用於命理、醫學、建築與風水等領域，在測字學中亦占據關鍵地位。字，作為象徵的媒介，其構形、部首、義理皆可對應五行屬性，進而影響其能量性格與命運指向。

當姓名由兩字組成時，雙字之間的五行互動關係，不僅揭示個體內在的性格傾向，也對其人際互動、情感經營與職涯選擇等方面帶來潛在影響。

字與五行的對應原則

將文字對應五行，常見原則如下：

- 木：字帶有「木」、「禾」、「艸」、「竹」、「東」等部首或象徵生長、發展者。
- 火：有「火」、「日」、「光」、「赤」、「炎」、「照」等部件或意象。
- 土：含「土」、「山」、「里」、「田」、「安」、「城」等。

- 金:包含「金」、「釒」、「鋼」、「利」、「白」、「剛」、「銘」等。
- 水:帶有「水」、「氵」、「雨」、「雲」、「海」、「江」、「流」等。

此外，也會參考筆畫動勢與象形特徵來判斷五行歸屬，例如筆畫細長、向上為木；橫向開展者為水；封閉收束為金等。

雙字搭配的五行流轉模式

姓名中兩字若能形成「生生不息」的五行循環，代表個體能量協調、人格均衡，對外亦具和諧吸引力。常見正向搭配如：

- 木生火：如「森煦」，象徵智慧成長後轉為熱情表達。
- 火生土：如「輝堯」，表示光亮熱能內化為厚實的基礎。
- 土生金：如「城鋒」，暗示穩定中孕育出行動與果決。
- 金生水：如「鋒澤」，鋒銳之器導入水潤之智。
- 水生木：如「沐林」，清靜涵養轉化為生命蓬勃。

此類搭配常見於個體人格調和、事業穩進、情感平衡之命名中。

剋制關係與內在衝突

若雙字呈現剋制，例如「火剋金」、「水剋火」、「木剋土」等，則可能顯示內在張力，或反映其成長歷程中的某種對立經驗。

如一名為「炎鋼」之人，火剋金，筆勢亦顯剛硬，可能性格極強但人際摩擦大；另一名為「浩旺」，水火相遇，若五行無化氣中介，則可能易有情緒內耗，難以決策。

然而，剋制非全然負面，在某些情況下可激發動能與挑戰力，需視其字義是否帶有調和因素，例如「火土」間若有「山」、「岳」等穩定意象者，則可中和其剋象。

實例解析：流轉中的生命故事

一位女性名為「芷瑜」，「芷」屬木，「瑜」為玉之光澤，屬金。木剋金，理應相沖，但因「芷」為香草柔木，「瑜」為光潤溫金，反顯內外兼修、靈性堅韌之象。其人從事藝術設計，個性細膩中帶決斷，正與名字結構相符。

另一位男性名為「曜成」，「曜」屬火，「成」屬土，火生土，表明才華與努力能為其人帶來穩定成果。此人為科技創業者，早期歷經挫敗，但終於自我調整後穩定發展，驗證名字所蘊的能量流轉。

調整五行以改善能量循環

當名字五行出現剋象或阻斷時，可透過改名、別號或日常習慣中引入五行象徵物進行調和。例如水火不容者，可穿著藍綠色調（木），藉由木生火、木生水中介關係來潤滑對抗。

亦可透過簽名習慣中加入特定筆勢，如加上長撇、起勾等動態筆法，來改善文字能量場的流向。

結語：五行，是名字裡的生命律動

雙字之間的五行關係，猶如內在與外在自我之間的對話。懂得觀察其生剋流轉，不僅能看見一個名字的心理結構與潛在走向，更能幫助個體在自我調整與命運創造之間找到節奏。五行流轉，是漢字背後無聲的生命舞蹈。

第四節　相生相剋的字對原則

字對組合中的能量互動

在雙字測字法中，字與字的相互關係不僅止於語意層面的解讀，更涉及其所蘊含的能量互動。這種互動可視為象徵性的「相生」與「相剋」，與中華文化中深植人心的五行生剋邏輯密切相關。理解字對之間的這種內隱秩序，有助於剖析名字組合、關係角色與互動動能的本質。

什麼是「相生」與「相剋」？

「相生」指的是能量的助益與扶持，一字為另一字帶來推進、滋養、支持的力量；而「相剋」則為彼此間的消耗、壓制與衝突。例如「水」生「木」，象徵滋養；但「木」剋「土」，意謂競爭與侵蝕。在字象學中，相生代表關係流暢與正向循環，相剋則可能反映互動中的張力與阻力。

結構與語義的相生剋現象

漢字的構造可透露出潛在的生剋關係：

- 部首互補：如「水」與「木」、「火」與「土」等，當兩字部首可形成五行相生，往往暗示支持性強的人際模式。

- 象徵語義連結：如「光」與「明」，共同延展光明之意；「破」與「立」，可能呈現先破後立的動態生剋結構。
- 筆勢呼應：如一字向上開展、一字向下沉澱，形成能量對流，顯現動靜互補或上下有序之象。

實務解析：生剋關係在姓名中的呈現

一對姐妹名為「欣容」與「思婕」，「欣」為喜悅之象，「容」為包容；「思」為心思，「婕」為美好女性形象。「欣」與「思」皆為內在感知字，但「欣」帶動向外的情緒釋放，「思」則偏向內化沉思，兩者形成「情感外放與收攝」之對流，屬動靜相生之象。

但若一對名字為「勝剛」與「柔萱」，「勝」與「剛」皆為陽剛主動字，「柔」與「萱」則帶有柔美與安寧之象，表面看似相互補足，實則若無溝通與理解，陽剛過強易剋陰柔，關係中可能產生壓迫與不對等的互動。

常見的正向相生字對組合

- 「浩」與「然」：水與木相生，自然之氣，意象和諧
- 「睿」與「哲」：智慧與思辨之交融，象徵高明與深度
- 「育」與「成」：育養與成就之邏輯遞進，帶有成長象徵
- 「安」與「泰」：平穩與安定的結構重複，表示穩固運勢

應對剋象的方法：轉化與中介

當字與字出現剋制關係時，不必急於改名，可先觀察其象徵層次是否存在中介意涵。例如「炎」剋「金」的名字中，若搭配「山」、「岳」等中性穩定字，即可化解強火所帶來的鋒芒過度。

亦可透過姓名順序調整（如將被剋者放後）、字形筆勢修改（加強柔化筆畫）、語音修辭重整（語調柔和）等方式，間接平衡其象徵能量場，達到轉剋為生的目的。

從相剋中發掘潛力

相剋不一定全然為負面，若能透過雙方互動將衝突轉化為激勵，反可成為成長驅動力。尤其在情侶或合作關係中，彼此若能察覺性格與能量上的相剋差異，進而發展出互補性合作模式，則其關係將更加穩健。

結語：字對的交會，是關係能量的運作模型

理解相生相剋的原則，不只是尋求名字中的吉凶，更是一種觀察互動與成長機制的智慧。字對就如同兩個人之間的對話，有時平順，有時張力，關鍵在於是否願意在相剋中尋求理解與調和，在相生中培養尊重與支持，讓文字之中蘊藏的命運密碼，轉化為生命中的良性循環。

第五節　合字與拆字的關係轉化

從合中觀形：結構所見之象徵寓意

在漢字測字學中，「合字」與「拆字」是一組互為鏡像的分析工具。合字，指將兩個或多個單字部件結構整合，成為新字；拆字，則是將一個字解構為部件，以解釋其潛藏的象徵意涵。從結構語義角度來看，合與拆並非只是筆畫的拼貼與分離，而是文化意識中對關係、動態與變化的深刻隱喻。

常見的合字組合類型

- 人與人結合：如「從」、「伴」、「倫」等字，皆暗示多個個體組成群體，象徵人際關係的組構與道德秩序。
- 心智結構融合：如「思」（田＋心）、「想」（相＋心），以具象與抽象結合，代表感知與情感的結合運作。
- 空間與行動相容：如「室」、「宮」、「進」等，通常將一靜態空間部件與行動意涵結合，隱含行動與居所之動靜協調。

拆字的心理動力分析

拆字可以讓潛意識從結構中看見更微妙的象徵線索。例如「情」字由「忄」（心）與「青」組成，青者春生，象徵情感的希望與清新；或如「戀」字包含「䜌」與「心」，表示內心有反覆遲疑、進退矛盾的狀態。

這樣的拆解，不只是語言遊戲，而是一種「象徵投射」，讓當事人從結構中看到自己的心理圖像與處境鏡像。

關係解讀：合字與拆字的互動哲學

當我們將兩字合觀，亦可探索其潛在的「合字可能性」。舉例來說，「人」與「言」可構成「信」；「女」與「子」組成「好」；「木」與「目」組成「相」。這種「潛在合字」若存在於兩人名字或一人之名的兩字之間，常代表心理契合、角色互補或關係成就。

相對地，若兩字拆解後顯現出相反、對立、重疊的部件，則可能顯示出內在衝突或外在角色混淆。例如「困」字為「木」在「囗」中，有語言受限、情緒被包圍之象；若名字中某字拆出「口」與「言」，則要注意是否存在溝通障礙或被限制的心理情境。

實例探討：合與拆的雙向運作

一名女性名為「采蘋」，「采」含取用、選擇之意，「蘋」為植物名，拆為「艹」與「頻」。若從合字邏輯，「采蘋」有選擇美好、採集情感之象；拆字則顯示其人在感情中偏好穩定節律，但也容易重複相同情境而不自覺。

另一名男子名為「宏遠」，拆為「宀＋厷」與「辶＋袁」，整體組合象徵由內而外的目標拓展，筆勢亦由收向放，顯示企圖心與擴張意志，是典型具有規劃與遠見的命字結構。

應用建議：合與拆的互補解讀

測字實務中，建議先觀合字所成之義，為其主要人格基調與關係結構，再以拆字觀其內在動態與微細情緒。特別在分析情感、事業、人際關係時，合字有助於了解表象結構，拆字則揭示潛在張力。

此外，也可鼓勵當事人練習書寫「轉合字」與「轉拆字」，如將兩字中提煉共通筆畫合為新象徵字，或將本名拆解並重新排列，製作為潛意識書寫符號，對心理重建與願景設定具有象徵啟動效果。

結語：合拆之間，映現人我之境

合字與拆字的操作，不僅是對語文結構的巧妙運用，更是對人生狀態的鏡像書寫。合，表達關係的凝聚與意志的結盟；拆，揭示情感的層次與潛意識的訊號。真正的測字藝術，即是引導人們在合與拆之間，看見關係的本質。

第六節　符號化與暗示語言應用

字形作為心理暗示的媒介

測字的奧義不止於字義拆解，更在於其如何作為一種潛意識的符號傳遞。漢字不僅是語言工具，更是心理投射的媒介，其形、音、義三位一體，使之在書寫與觀察中能產生強烈的象徵引導效果。當人以某字自況、或由他人指出某字時，字即成為一種「心理暗示語言」，將內在的焦慮、渴望或希望具象化於文字中。

象徵語言與潛意識共振

符號化是榮格心理學的核心概念之一，指的是某個具象形體對於無形情感的轉換功能。舉例而言，「橋」可象徵連結、「門」象徵轉機、「雨」象徵清洗與滋潤，當這些字在測字過程中出現，常常不只是語意層面的解釋，而會引動當事人內心深處對人生某段經歷的共鳴，並進一步釋放情緒能量。

名字即命名：語言的行動力量

語言具有創造現實的力量。法國語言哲學家奧斯汀（J. L. Austin）提出「言語行為理論」（Speech Act Theory），指出語言不只是描述現實，更能創造現實。測字中的符號化正展現這種行動性語言：當某字被選出並賦予解釋，當事人便可能將其內化為自我故事的一部分，進而影響其後的選擇與情緒反應。

暗示語言的正向與負向引導

測字中，使用的語言措辭與象徵選擇極為關鍵。例如：將「退」解為「保存實力、蓄勢待發」與解為「失去機會、被迫後撤」，其帶給當事人的心理暗示將大異其趣。專業測字師需具備語言精煉力，能將符號轉化為具有希望與啟發性的敘述，而非製造恐慌或定型。

實務應用：符號語言的層次分析

一位男士在事業轉型階段測得「舟」字，初看之下他感到惶恐，聯想到「漂泊、無根」。但測字師引導其思考「舟」為「可載人過水」的象徵，代表具備渡越困境的能力。經由語言轉向，該字成為他設定新目標的助力，而非打擊。

另一案例為母親為兒命名時考慮「昇」與「晟」，原意均指上升、光明，但「昇」簡潔陽剛，「晟」則內蘊文采之美，經由符號語言分析，選用「晟」以期望其內外兼修，並由此開啟家族間對子女期望的深層對話。

象徵重構與自我敘事的力量

在心理治療與創傷重建領域中，常以「重新命名」(re-naming)或「再敘事」(re-storying)來協助當事人重構生命經驗。測字中的符號化便具備類似功能，透過重新解釋、重新觀看熟悉的字形與意義，引導當事人為自己寫下新的敘事框架。

結語：每一字皆為生命訊號的啟動器

當我們用測字閱讀人心，其實是在用語言替無形的情緒與渴望建立出口。字成為符號，符號成為敘事，敘事即是人生的主旋律。符號化的操作不僅提升測字的深度與準確性，也讓測字成為一種尊重人性、引導轉化的心理藝術。

第七節
「好」字的喜與悲：結構分析

表象之喜：文化語境中的「好」

「好」字由「女」與「子」構成，在傳統語境中象徵女子懷抱嬰兒，是一種家庭圓滿、情感穩定的圖像。中國古代常以「好合」、「好事」等詞形容美滿之事，也因此「好」被普遍視為吉字，用於命名、賀詞與祝福語句中。從表象上看，「好」是一種承載人倫親情與繁衍延續的符號。

內部結構的潛藏訊息

但若從結構角度進行細緻拆解，「好」字亦非全然無隱憂。其由「女」與「子」組合，看似和諧，卻也可能暗藏「角色負荷」與「情緒壓力」的潛在意義。尤其在當代社會對女性角色期待多元化的背景下，「好」可能代表一種被投射的期待——需兼顧溫柔與母性、照顧與付出，甚至在親密關係中常成為「理想形象」的壓力來源。

情感關係中的雙重解讀

舉例而言，若伴侶一方名字中含「好」字，可能被另一方解讀為溫和、宜人，進而產生依賴性期待。但若當事人自覺壓力沉重，則該字的潛臺詞轉為「我需要被看見，而不是一直被要求完美」。此即象徵語言的雙向性 —— 在外人眼中象徵幸福的符號，對當事人而言可能是壓抑的象徵。

測字應用中的層層剖析

在實務測字中，「好」常出現在情感主題的字象中，但應避免僅以傳統吉祥義做結論。需探討其所處語境與搭配字的互動關係。例如與「緣」、「合」等字連用時，象徵關係結合；與「盼」、「等」連用時，則顯示期待與依戀。

此外，需注意「好」字的書寫狀態：若「子」部書寫突出，「女」部微弱，可能象徵親情或關係中重男輕女的隱含訊息；若筆畫歪斜不平，亦可能透露情感關係中的不平衡現象。

實例說明：名字中的「好」與命運敘事

一名女性名為「雅好」，「雅」帶有文雅、氣質之意，「好」則象徵人際和諧與溫柔性格。然而，該女士長年感到被他人要求完美，尤其在家庭中常需擔任和事佬角色。經測字諮詢後，她逐漸理解名字中蘊含的期待模式，進而開始調整自我角色與外部互動，擺脫長期壓抑的情緒枷鎖。

另一位男士名為「嘉好」，雖名字意涵正向，但他在關係中總希望扮演令人滿意的角色，常將自己的需要壓抑至最後。這樣的名字潛藏訊號，呼應其人生策略中的「過度妥協」，成為心理分析的切入點。

結語：「好」不僅是好，也是一面鏡子

「好」字雖為文化正向符號，但在測字中應被視為複義符號，它可能象徵和諧、親密，也可能隱含壓力、期待與角色負荷。唯有深入結構與語境，才能將這個「好」看得透徹，使其從文化刻板走向個人化解釋，從而協助當事人看見自己在關係中的真實處境。

第八節　兩字的時空對照法

雙字互觀的時空脈絡解碼

在測字學中，兩字之間不僅存在字形與結構互補關係，也蘊藏著時間與空間的隱喻。每個字象徵著一種當下狀態或潛在傾向，若將兩字並列解讀，則可能構成一種「時空對照」的心理訊息組合，反映命運流轉中的階段與轉折。

時間的語意順序與情境演變

漢字排列順序往往影響其意涵，例如「開發」與「發開」兩者意義雖近，但前者強調從靜轉動、從封閉到拓展的過程；後者則可能表現為一種無序、急切之感。當兩字並列於姓名、標題或象徵語句中，需仔細分析其前後之序列變化是否呈現事件發展的軌跡。

舉例來說，一人名字為「志成」，從語義上看，志為願望、目標，成為成果、實現，則可視為時間向前推進的順序，象徵由願景邁向實踐；若名字為「成志」，則多反映出先成而後定志，可能隱含被動應變、後發修正之命運模式。

空間指涉與象徵移動

從字形位置與筆勢觀察，左右並列的字組常呈現動向流動感。例如「東來」、「西去」具有明顯空間方位隱喻；又如「上升」、「下降」之字對，具有明顯的命運起伏象徵。在測字中，兩字之空間對應亦可推斷個人行動模式與外界互動方式，例如偏向右邊的字為主體、偏向左邊者為環境壓力或他人期待。

時空交錯的潛在張力

有些字對雖意涵互補，卻呈現張力。舉例來說，「動靜」、「收放」、「得失」，若出現在名字或生活事件測字中，常常顯示該人在處境中正面臨選擇、矛盾與取捨的情境。測字師可藉此引導當事人辨識目前的心理節點，並重新調整對時間與環境的掌控感。

案例分析：雙字對照的時空圖像

一位青年名為「昇遷」，「昇」為日升、上揚，「遷」則為轉移、變動，兩字連用象徵事業進展與角色變化。然而當事人卻在一次工作轉調後陷入迷惘，感覺自我價值不被看見。測字分析後指出，「昇」象徵內心的理想期盼，「遷」則暗示適應與轉場壓力，雙字同時存在，構成一種進退兩難的命運節點。

又如一對情侶名字為「恩慧」，「恩」帶有施予與感念之義，「慧」為智慧與敏銳之象。他們的感情歷程也如同名字所示——一方給予無限關懷，另一方則以理性對待關係，彼此在感性與理性中尋求平衡。測字進一步揭示這對字對的「時間節奏不同」，是他們需要學習磨合的重點所在。

測字實務中的操作建議

在解讀兩字之時空結構時，建議遵循以下步驟：

(1) 確認排列順序，並以第一字為「當前意識」、第二字為「潛在發展」。

(2) 檢視字形筆勢，觀察左右、上下對應是否出現位移或不對稱情形。

(3) 針對字義進行時間、空間、心理層次的三重解讀。

(4) 融合當事人當前處境，進行結構比對與象徵導引。

結語：在字的對照中讀懂自己

兩字的時空對照，不只是語言排列的藝術，更是一種閱讀人生階段的方式。每個字都是時間的節點、空間的指標，透過對照，我們得以看見自己在命運中的位置與動向。這種方法不僅提升測字的準確度，也有助於個人深化對當下處境的覺察與未來方向的選擇。

第九節　上下筆勢對命運的引導

筆勢高低的心理映照

書寫文字的過程，本質上是一種潛意識的投射。當我們在測字中觀察「上下筆勢」的高低起伏時，事實上是在解讀書寫者當下內在的心理節奏與能量流動。例如：第一筆畫向上翹高，常象徵積極企圖心、目標導向明確；反之，若筆勢向下拖曳，可能表示自我懷疑、能量低落，甚至內心隱藏退縮或無力感。

由上至下的氣流與命運走勢

傳統書法講究「提按分明」，即是透過上下筆勢的力度差異來表現生命動態。在測字中，我們發現書寫者若每筆都由上而下，並保有穩定節奏，這常反映其人生規畫中具有耐心與踏實；若某些筆畫中斷，或從中突然下墜，可能暗示個人目前正經歷一段動盪或內在信心搖晃。

例如：一字中若上部結構顯得輕浮，而下部筆畫沉重，可能顯示理想雖高遠，行動卻受到現實拖累；若反之，則代表腳踏實地但缺乏願景支撐。測字師可從這類筆勢落差中，判讀出命運發展的阻力點與潛在契機。

字體重心與能量場分布

上下筆勢還牽涉到「字體重心」的配置問題。當字形整體上傾，往往表現出追求突破的幹勁，可能意味著進展期、發展期或面對挑戰的決斷期；而字形重心下沉或趨於穩重，則多見於穩定發展或需保守策略的時期。透過這種觀察，我們可初步判斷當事人目前處境所需的應對態度與能量調節策略。

筆勢方向對應的命理暗示

漢字多為上下結構組合，如「家」、「意」等字，往往上部代表思想、外在呈現，下部則為根基、內在支持。若上部書寫輕柔、下部沉穩，則暗示思慮細膩、情緒穩定；若上部重壓、下部鬆散，可能代表壓力集中於理性或社會角色，而內在支持系統尚未建構完全。

舉例來說，「志」字上為「士」，下為「心」，書寫時若「士」部挺拔有力，「心」部平順柔和，顯示理想與情感平衡；若「士」部歪斜、「心」部混亂，則可能反映理想動機模糊、內心糾結多疑。此即筆勢與心境的雙向呼應。

實例解析：上下筆勢與人生節奏

一位來測字的女性在寫下「展望」兩字時，第一筆「展」的起筆向上拉高，顯示她對未來有明確目標與強烈渴望，但「望」字下部的「王」寫得顫抖而微弱，象徵她在追求願景時，實際行動或資源支持不穩，導致心理落差甚大。透過上下筆勢的分析，我們能掌握她「外在積極、內在焦慮」的心理圖譜，進而提出調整策略。

又如一位中年男士書寫「成長」時，「成」字下筆沉穩有力，「長」字卻筆勢向下拖延，象徵其職涯雖有穩定基礎，但對未來成長感到遲疑。這一觀察讓他意識到，自己目前的困境來自於對未來方向的模糊，而非能力或資源的欠缺。

結語：筆勢之間，蘊藏選擇的智慧

上下筆勢不僅是力道與結構的呈現，更是命運狀態與心理能量的符號語言。透過觀察書寫中筆畫的升降節奏、重心分布與起伏動態，我們得以看見個人如何「在命運中移動」，也為未來的行動策略提供潛在導引。筆畫落點之間，往往藏有通往自我洞察與命運轉機的關鍵。

第十節　名字改動後的運勢變化

姓名作為心理與社會的定位座標

名字不只是身分辨識的符號，更是一種長期心理暗示與外部社會投射。心理學家卡爾．榮格（Carl Jung）曾提到「命運潛藏於符號之中」，名字正是我們與命運之間的日常密碼。因此，當人更動姓名時，不只是字形的替換，更是對命運節奏與自我定位的重新編碼。

改名的常見動機與心境轉折

人們更動姓名的理由多元，常見的包括婚姻變化、職場轉型、家庭結構改變、或是希望脫離負面經歷、重新開始。每一次改名的背後，其實都是一種心理狀態的重構與期望投射。例如：有人將原本沉重拗口的名字改為柔和通順的字組，往往顯示他內在渴望與人建立更順暢的連結與親密關係。

文字更動對五行與筆勢的影響

從測字角度來看，姓名中任何一個字的替換都會對五行屬性產生變化。例如一位原名為「信忠」的男子，其名字帶有金土之勢，象徵守成穩重，後來他將名改為「信宇」，改為土木組合，結果在短期內開始頻繁出差、擴展人脈與視野，生活也由內斂轉向外放。這正展現了字形與五行互動對命運模式的影響。

筆畫改變與能量動向的重新分配

字形筆畫的多寡，也會改變姓名所承載的能量張力。一般來說，筆畫多的名字象徵強烈意志與複雜思維，筆畫少則多代表靈巧、靜謐與彈性。當某人將原名「智耀」改為「文昕」，從筆畫複雜、語意耀眼轉為簡練通透，反映出他內心從競爭導向逐步轉向自我滋養與內在成長。

社會互動中的象徵認同變化

名字是我們與他人互動時的第一印象，改名也可能帶來社會角色的重塑。心理學研究顯示，人在使用新名字與他人互動時，會逐漸產生新的自我投射。例如一位從事創意工作的女性，原名「素蘭」改為「語辰」，在社群平臺與客戶互動中明顯感受到他人對她印象的年輕化與專業化，這也進一步鞏固了她的職涯信心。

實例觀察：姓名轉變與命運契機

一位年輕創業者原名「志隆」，創業初期屢遇阻礙，他請教一位測字師後決定改名為「承嘉」。「承」象徵承擔與接續，「嘉」有欣賞、福氣之義，改名後，他在同年獲得一次關鍵合作機會，公司營運逐步穩定。後來他回顧自己名字的變化，說：「我從一個只想『志在高遠』的人，變成一個願意『承擔現實』的人，這是命運轉折的開始。」

改名應配合內在轉化而非迷信

須強調的是，改名若僅是形式更動，卻無內在思維與行動的調整，其效應可能流於表面。心理學家班度拉（Albert Bandura）指出「行為與信念必須交織，才能創造真正的改變」，測字師在面對改名需求時，應引導個案同步檢視自己的內在信念、價值觀與生活策略。

結語：在名字中重寫自己的劇本

名字改變，猶如重新下筆書寫人生的劇本。透過對字義、筆畫、結構與五行的細緻調整，我們有機會藉由語言為自己創造新的心理起點與能量方向。測字不僅幫助我們了解過去名字的故事，更提供一種智慧，讓我們在需要之時，有勇氣在名字中找回自己的命運主導權。

第十一節　事業合夥人的字意測合

文字結構映照合作性格

在事業夥伴關係中，彼此名字中的字形結構、語義內涵與筆畫特性，往往透露雙方合作的潛在默契與可能的衝突點。從測字觀點出發，若一方姓名以「開口」字部（如「向」、「問」、「品」）為主，而另一方多見「心」、「木」部構字（如「忠」、「志」、「根」），前者擅長溝通與應對，後者穩重執行，兩者搭配常能形成有效的「前鋒－後勤」模式。

五行配合與能量平衡

姓名字意背後的五行屬性也是判斷合夥關係的重要依據。例如若一人名中多見屬「火」字（如「熙」、「炎」、「煦」），而另一人偏「水」（如「涵」、「洋」、「泉」），則需留意雙方在資源運用與決策節奏上的差異。「火」主動、快節奏，適合衝刺與創新；「水」則偏內斂、重整合，適合策略布局。五行若能互補則相得益彰，若彼此相剋則常陷決策僵局。

筆畫數與角色定位

筆畫數在測字中象徵能量密度與主導傾向。若合夥雙方筆畫相近，常見於對等合作關係;若一方筆畫遠高於另一方，可能形成主導與輔助的權力分工。若權力分配未明而筆畫落差過大，易生合作矛盾與責任混淆。

舉例而言，一位名為「建霖」(筆畫多)者與「育成」(筆畫少)者共同創業，前者較具控制欲與全局觀，後者重執行與默默付出，兩人合作初期頗為順暢，但隨著事業擴大，角色邊界模糊，最終因誤解與倦怠而分道揚鑣。此即筆畫所暗示之合作模式與未來風險。

結構組合與合作默契

部分字組的內部結構可揭示雙方默契與協作模式。例如「協」字由「十」與「力」組成，象徵齊心協力;「朋」字則由兩個「月」字對稱，象徵對等與共生。若雙方名字中皆有這類象徵對稱、互補、支持之意的字根，則合作關係較易順暢。

反之，若名字中頻繁出現「對立性強」的部件，如「鬥」、「爭」、「刃」等，可能隱含雙方性格均偏衝突導向，合作過程易產生摩擦。此類結構不代表合作必然失敗，而是提示雙方需特別關注溝通機制與衝突解決方式的設計。

名字與企業文化協同

某設計公司創辦人「宜辰」與合夥人「育衡」名字結構皆偏中性穩定，筆畫接近，皆屬木土組合，顯示雙方價值觀穩定、思維腳踏實地。他們在公司經營中各自負責品牌策略與財務管理，五年來合作無間。反觀另一對科技業合夥人，「鋒宇」與「致翔」，名字多屬金火交剋之勢，常在業務發展方向上意見分歧，最終因策略與理念不合而拆夥。

結語：文字間潛藏的合作契約

事業夥伴不僅是利益共享者，更是命運節奏的共行者。姓名中的字，不只是表象的符號，更隱藏著彼此在合作中所扮演的角色、承擔的風險與可調整的空間。測字作為分析合作關係的工具，提供我們一種超越直覺的視角，協助我們在選擇與誰同行之前，先讀懂文字之中關於合作與信任的密語。

第十二節
如何應用雙字測字於現代社交

測字在現代社交中的心理角色

在今日強調溝通與人際感知的社會中，文字不只是傳達意圖的媒介，也成為情緒交換與關係建構的橋梁。雙字測字法提供了一種理解人際互動潛流的工具，不僅適用於職場與家庭，在戀愛、社群媒體、品牌形象建立等情境中也同樣有效。

社群使用者名稱中的象徵解讀

許多人在社群平臺使用雙字或雙詞暱稱，如「心晴」、「雨璇」、「知原」等，這些組合往往帶有自我心理投射或吸引特定印象的用意。透過測字法可看出使用者期望被理解的方式，例如「心晴」反映對內心平靜與正向關係的渴望，「雨璇」則可能象徵情感敏銳與藝術性格。這類分析有助於社群行銷者與諮商心理師理解個案的情感需求與社交取向。

職場互動與名字的潛在關係線索

雙字測字也能應用於分析同事或上司間的合作模式與潛在張力。例如：一位名為「承昱」的主管與名為「宥均」的下屬搭檔時，可觀察「承」與「宥」皆帶包容與協助意味，而「昱」象徵照耀、「均」象徵平衡，顯示此組合適合穩定型專案合作，若遭遇變動環境，則需外部刺激才會產生突破。

初次見面時的字義破冰法

在陌生人交談或初次約會時，提及對方名字的字義可做為一種溫和的開場白。例如：「妳名字裡的『芷』字，很有文雅清靜的味道，應該是一個很有內在的人。」這種以雙字測字切入的談話方式，不僅讓對話更具親和力，也會讓對方感受到被理解與重視，進一步促進情感流動。

跨文化社交中的漢字優勢

在國際交流場合中，漢字名字的雙字結構常引發非華語者的好奇。適當運用雙字測字解釋如「安穎」（安穩聰穎）、「浩然」（氣度恢弘）等，有助於建立文化形象與個人魅力，也能讓對方從中感受到漢字的深層美學，強化印象記憶。

品牌命名與受眾心理連結

在產品或服務品牌命名時，雙字名稱如「知本」、「晴山」、「木思」等，能夠承載五行屬性、文化意涵與價值投射。透過雙字測字分析，可協助品牌主理人理解命名是否與品牌精神一致，並對於市場定位、人群情感共鳴產生精準的心理連動。

測字在現代交友平臺的實驗

一項由某大學心理系進行的實驗顯示，在交友平臺上導入簡易的「雙字測字引導對話」，可提升使用者的互動意願與配對成功率。研究者將系統引導使用者說明自己名字的來源與字義，結果發現這些文字反思的內容，能讓配對對象更快進入彼此認同與信任的階段。

結語：文字之間的微妙共振

在現代社交環境中，雙字測字法不再只是預測未來或命理推算的工具，而是一種更具人文與心理溝通功能的語言技術。透過拆字、對照、解構與投射，我們得以看見自己在他人眼中可能散發出的訊號與意圖，也更能在錯綜的人際網絡中找到真實互動的契機。

第五章
實際應用篇：日常中的測字技巧

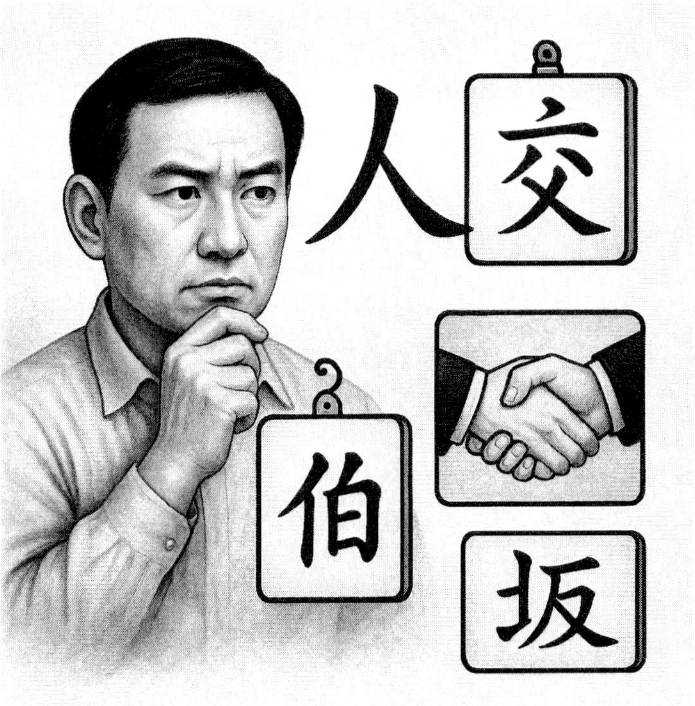

第一節　初次見面如何快速測字觀人

書寫即是心理的表露

在初次見面、無從了解對方背景的情境中，測字可成為一種快速掌握對方心理狀態與性格傾向的工具。尤其當對方以手寫方式寫下自己的姓名、暱稱或一個隨機的字時，文字的筆畫順序、結構選擇與整體布局，都反映出當下的心理特徵與個人風格。心理學家卡倫·荷妮（Karen Horney）曾指出，人們的潛意識會在細微的動作中顯現傾向，而測字正是將這些「微動作」具象化的一種方式。

從名字中看出性格特徵

若初次見面能請對方寫下自己的名字，觀察其名字結構即能略窺其為人處世之道。例如名字中若出現「心」、「恩」、「忠」等字，表示其重視情感、講究誠信；若為「達」、「勝」、「傑」等字，則代表其對成就或地位有強烈企圖心；若常見「靜」、「穎」、「柔」等字，則多為內斂型性格，偏好細膩觀察與安穩互動。

觀察字形結構的張力與協調

在現場書寫過程中，觀察文字的結構是否左右平衡、上下協調，亦可判讀其內在穩定度與情緒調節能力。若字體偏斜、筆勢粗重或收筆急促，則可能表示此人正處於壓力、緊張或內在不安之中；反之，若筆畫流暢、留白有度，則顯示其內心節奏與思維節奏趨於一致，較具自我掌控力。

字義聯想與對話破冰技巧

透過名字字義作為對話起點，不僅是測字的一部分，也可作為破冰話題。例如：「你名字裡的『謙』字，很有東方君子之風」、「『婷』這個字給人很溫柔的感覺，是不是妳個性也是這樣？」透過這樣的字義聯想，不僅能迅速拉近距離，也能讓對方在潛意識中產生自我投射與共鳴，進一步開啟深層互動。

觀察用字偏好與語言風格

現代人雖多使用電子打字，但在簡訊、社群留言或簽名中所選用的字詞，也是一種測字的切入點。若一個人經常選用「夢」、「光」、「心」等字，可能傾向感性與想像；若常見「贏」、「策」、「進」，則顯示其目標導向與行動力強。

結語：第一印象中的文字洞察力

測字在初次見面中的應用，不僅是術數的展演，更是一種快速捕捉人心的方法。透過姓名結構、書寫方式與語言選字的分析，我們得以在最短時間內，對一個素未謀面的人建立初步認識與心理輪廓，為往後的互動鋪陳出更有覺知的對話起點。

第二節　招財轉運的吉祥字建議

字如其意，能量所指

招財轉運，不全然依賴機緣，也講究文字所帶來的潛移默化。漢字不只是書寫工具，更是能量與心理意象的載體。許多吉祥字在筆畫、結構與語音上，皆與財富、繁榮、順利等象徵產生連結，若能巧妙運用於姓名、品牌、店號或環境布局，便有助於強化正向氣場。

五行相生與財氣流動

從五行角度來看，金代表財富、木象徵成長，若字中包含「金」、「銀」、「鑫」、「榮」、「森」、「樺」等部首或意涵，皆屬於有利於財運之象。特別是「鑫」字，由三個「金」字構成，象徵財源廣進、三方得利，在命名或公司店號中極受歡迎。

吉祥字推薦與解析

- 「富」：最直接代表財富，亦有飽足、穩定之意，常用於品牌名稱或命名尾字，如「裕富」、「富源」。

- 「發」：寓意發展、興旺，尤其在粵語文化中具高能量象徵，如「發記」、「發盛」。
- 「財」：與金錢直接連結，適合置於商號名稱開頭，易引起注意並產生信任感。
- 「旺」：象徵火旺生財，尤其適用於餐飲、娛樂、服務行業。
- 「祿」：古意為俸祿，象徵正財、事業報酬。
- 「利」：有收穫、順利、邁進之意，適合應用在貿易、科技或製造業命名。

運用情境與案例分享

一家原本名為「順陽商行」的小企業，經命名老師建議改為「富陽企業社」，將「順」改為「富」，結合字象與五行分析後，企業風評與營業額明顯提升，這顯示出文字象徵對心理與社會回饋機制的影響。

生活中小技巧

若無法直接改名，也可透過以下方式提升財運象徵：

- 在書桌或辦公空間擺設帶有「發」、「旺」等字樣的書法或印章；

- 替錢包或手機殼刻上「祿」或「鑫」字，作為心理錨定 (anchoring)；
- 社群帳號名稱中加入象徵穩定與成長的字詞，如「安財」、「樂盈」、「明興」。

結語：文字即為能量密碼

當我們選用某個字，不只是對外的傳達，也是在為自己設定心理暗示與未來方向。招財轉運的文字選擇，是一種以文字作為媒介的能量介入行為，只要用得其所，便能在無形中引導自身走向更順利與富足的路徑。

第三節　商業命名的測字方法

品牌之名，心象之始

商業命名不只是策略行銷的開始，更是一場象徵與潛意識的對話。從測字角度出發，好的品牌名稱應具備三個基本特徵：字義吉祥、音韻和諧、書寫結構穩健。這不僅涉及語言的表層邏輯，更與文化象徵、五行對應與人群心理投射密切相關。

從字義入手：目標市場的心理語言

商業名稱中常見的吉字如「順」、「隆」、「發」、「誠」、「達」、「旺」，這些字常被消費者視為值得信賴、具前景之象。例如：科技公司偏好「創」、「智」、「科」、「翔」等字，象徵創新與科技飛躍；餐飲業者則偏愛「福」、「鮮」、「香」、「喜」，營造味覺與人情的親密感。

五行對應與產業屬性

在選字時亦需配合產業性質與五行流向。舉例來說：

- 火行產業（餐飲、娛樂）宜用含火性或木性字，如「炎」、「光」、「明」、「木」、「森」。

- 金行產業（金融、科技）宜選「金」、「銘」、「鋒」、「銳」、「鑫」。
- 水行產業（物流、貿易）適用「流」、「潤」、「洋」、「淼」等字。

這樣的命名，不僅有利於能量導向，更能與品牌內在氣質形成共振，強化群眾辨識度。

結構與排列的象徵意涵

漢字的左右結構象徵協調合作，上下結構代表基礎與發展。例如「宏」、「寶」等字，上為表象，下為支撐，若下部筆畫厚重，象徵基礎穩固。反之，如「盛」、「興」等，則表達內在力量向外發展的願景。命名時應避免筆畫過多的字，以防書寫與視覺混亂。

實例參考與解析

2019 年，一家原名「光景科技」的創業公司，在接受品牌重塑建議後更名為「智原科技」，取「智慧的根源」之意，亦對應公司強調 AI 核心演算法的願景。此名稱不僅音韻上更為簡潔，結構對稱，亦方便記憶與推廣，後續品牌效應明顯增強。

結語：好名字即是心理植入

商業命名中的測字，不只是命理技巧，更是一種語意策略與品牌心理學的融合。當我們為一個品牌取名時，其實就是在為它注入象徵生命，透過字義、音韻與結構的配合，讓消費者對品牌建立直觀的好感與心理連結。

第四節　辦公室常見用字的象徵觀

日常詞語的能量傳遞

在辦公室文化中，我們所使用的用語、標語、部門名稱甚至文件標題，都不只是行政溝通的媒介，更是潛移默化傳遞心理氛圍與行動預期的象徵語言。從測字角度觀之，這些看似平凡的字詞，其實潛藏深層的暗示力與心理驅動力。

常見詞彙的象徵解讀

讓我們先觀察幾個辦公室中頻繁出現的字：

- 「案」：由「木」與「安」組成，暗示工作內容需要在穩定環境中發展，但若用多了，亦可能造成壓力堆積，如「專案過多」導致失衡。
- 「簽」：上為「竹」，下為「僉」，象徵需以謹慎溝通完成審批流程，也帶有「慎重其事」之義。
- 「核」：由「木」與「亥」構成，有審查、查核之意，易形成上對下的監督壓力。
- 「呈」：有表現、上報之義，結構筆直向上，象徵上級期待成果。

這些字若頻繁出現在公文、表單或指令中，員工的潛意識便容易與「監督」、「急迫」、「壓力」等情緒掛勾。

部門名稱與文化心象

部門名稱本身亦是企業文化的縮影。若名稱中多用「企」、「管」、「效」、「責」等字，顯示重管理、重績效文化；若多用「創」、「育」、「人」、「心」，則偏重創意與人本取向。某科技公司將「人力資源部」改為「夥伴成長部」，不僅讓組織語言更溫暖，也讓員工感受角色轉變與彼此尊重。

座位與環境文字配置

許多辦公室會張貼標語，如「今日事今日畢」、「效率至上」、「挑戰目標」等，若過度強調成果導向，反而會造成潛在焦慮。若改以「穩步前行」、「善用團隊」、「成長每一日」，則可引導員工將壓力內化為正向動力。

文書用語的選字建議

在撰寫報告、簡報或電子郵件時，也可適度選用帶有積極象徵的字詞，如：

- 「展」：象徵拓展、延伸、未來性
- 「達」：有通達、順利之義，適合用於提案結尾

- 「明」：光明、清晰，提升訊息信任度
- 「欣」：喜悅、願景，適合用於邀約語氣

這些字詞雖不帶玄學意味，卻能在溝通中建構出有溫度的心理場域。

結語：職場用字是文化顯影劑

辦公室的用字，不僅是溝通媒介，更是情緒與文化的放大鏡。若能以測字角度細觀其結構與象徵，便能看見語言背後的潛在能量，進而調整企業風格、提升團隊士氣，讓職場環境真正達成心靈與效率的平衡。

第五節　手寫請假單、簽名測吉凶

書寫情境中的潛意識表露

在現代辦公文化中，儘管電子簽核普及，手寫請假單與紙本簽名依然常見。而這些文字書寫，往往發生在壓力或情緒波動的時刻，因此格外具有心理觀測與測字解析的價值。請假，往往牽涉身體健康、家庭責任或心情轉折，而在落筆的一瞬間，書寫者的潛意識便已無聲流露。

請假單中的字義線索

請假單常包含「請」、「假」、「事」、「病」、「休」、「假期」、「說明」等字，其中每一字皆可觀察書寫者的筆勢與選字。例如：「病」字若寫得特別潦草，可能反映書寫者的身體確有不適，或希望速速結束繁文縟節；而「休」字寫得大且穩重，可能顯示此人對休息有高度期待，並試圖向主管傳遞其迫切性。

簽名字跡的心理線條

簽名不僅僅是認證身分的手勢，更是一種自我肯定與社會形象的投射。若一人的簽名字體收尾乾淨、筆畫俐落，通常象徵其心思清晰、有掌控欲;若簽名筆畫拖曳、左右拉扯，則可能透露其猶豫、情緒混雜，或近期決策上有所掙扎。

重複請假中的字象變化

若有員工數次請假，且書寫方式有顯著變化，如從一開始筆畫明確、後來變得凌亂倉促，則可判斷其心理耐性已逐步下降，或與主管之間的信任關係正在動搖。反之，若請假單中逐次書寫愈趨平穩，則可能表示內在壓力正逐漸釋放。

實務案例觀察

一位任職於科技公司的專案助理連續三次請病假，其簽名從原本的方正清晰，轉變為逐漸縮小、潦草，經主管留意與訪談後，發現該員正遭遇家庭變故與情緒壓力。透過字跡與行為細節，企業得以提前進行人資介入與心理協助，避免人力斷層擴大。

字形結構與運勢解讀

測字觀點認為，字形之中隱含流年、運勢與個人精神走向。如「假」字由「亻」與「叚」構成，若「亻」寫得不穩，代表個人支撐力下降；若「叚」內部寫得急促或筆斷，可能對自身正當性存有疑慮。簽名中的姓氏若明顯模糊、名卻強調突出，也可能暗示個人欲擺脫家庭角色而追求獨立。

結語：從字跡中看見壓力與轉機

請假單與簽名，是在微小時間裡的真實展演，也是個人內在狀態的直述式證據。透過筆畫的輕重、字形的平衡與簽名的結構，我們可以洞察職場個體的心理狀態與生命節奏。測字，於此不只是術數，更是企業照見員工需求的另一扇窗口。

第六節　求職與升遷如何選字增運

用字選擇為第一印象鋪路

無論是求職履歷、自我介紹還是升遷簡報，文字都是第一個為你說話的聲音。測字學不只著眼於名字與命格，更可深入應用在關鍵字的選擇策略。若能妥善運用特定象徵力強的字詞，便能強化外界對你的正面觀感，也能潛移默化激勵自身行動。

求職書寫的吉祥用字

在撰寫履歷表或自我推薦信時，若能融入「展」、「達」、「信」、「成」、「毅」、「志」、「欣」、「昇」等字，便能為整體語意增添發展性、穩定性與積極性。例如：「我在上一份工作中，發展出跨部門整合的能力」與「我於前職展現良好的團隊合作能力」，後者更具前景意涵。「展」字的筆勢舒展，「達」字意為通達，都是易於帶動他人信任的語彙。

升遷申請中的策略字詞

當面對升遷評估時，建議使用「策」、「績」、「專」、「領」、「宏」、「進」、「創」等字，不僅能展現專業與計畫性，也符合企業對主管職位的期待。例如「策略整合」、「領導績效」、「專案推進」等語句，皆含有向上驅動力，亦反映使用者的目標意識。

名字與用字呼應的加乘效應

若申請者的名字本身帶有「仁」、「誠」、「勤」、「慧」、「榮」等具備人格價值的字，其所選用的語言風格若能延伸這些特質，將有助於整體形象的內外一致。例如名為「誠信」者，若於陳述中常出現「據實」、「守時」、「穩定」等字眼，將讓人感受到言行一致，形象更具可信度。

筆跡與格式同樣重要

若求職信需手寫，則筆畫清晰、字距適中、布局整齊尤為關鍵。書寫太細顯猶豫不決，太密則予人壓迫感；太粗重易顯得強勢甚至刻意。格式與字形，也都是潛意識自我觀感的顯影。

吉字選擇與五行補運法則

除了語意的正面象徵外，不同的字根與五行屬性亦影響個人運勢。例如：

- 木屬字如「林」、「枝」、「森」可用於補腎氣與開創性，適合初入職場者；
- 火屬字如「炎」、「熙」、「煜」則助於表現與領導力；

- 土屬字如「坤」、「坦」、「堅」能穩定思維與決策力；
- 金屬字如「鋒」、「銘」、「鏗」象徵剛毅與競爭力，利於爭取升遷；
- 水屬字如「淳」、「澤」、「涵」有助協調與溝通力，適合應試與團隊領導職務。

不同產業的字義偏好

科技業偏好「創」、「智」、「聯」等高新象徵字，金融業常見「誠」、「信」、「盈」等字，教育與非營利機構則傾向「仁」、「教」、「育」、「馨」等字。這些字不僅在文化意涵上產生連結，也能在無形中與企業價值對話。

職場文化與潛臺詞的塑造

某些職場文化較為嚴謹，對用字要求潛藏的文化偏好，例如日系企業較喜歡「和」、「誠」、「守」這類穩健與集體意識強的字，而美式新創則傾向「創」、「敢」、「破」、「動」等開創型文字。若能事先理解企業文化，再透過測字選字，會讓面試中的言談與文字展現更加合拍。

名字改動與轉職轉運

實務上，亦有不少轉職者透過改名方式提升氣運，尤其在從公職轉戰企業、或由中小企業晉升外商時。改名中選用帶有「晉」、「飛」、「榮」、「騰」等吉祥字，不只外在形象煥然一新，更能帶動行動意圖與心理動力轉化。這種心理與語言共振的機制，在測字心理學中稱為「文字牽引效應」。

實際案例參照

一位來自高雄的社會新鮮人，本名「怡婷」，在畢業後求職數月未果，經過命名諮商後更名為「昀璇」。其中「昀」為日光，代表視野與潛能，「璇」為玉器象徵珍貴。她在履歷與信件中大方介紹自己的名字轉折與期許，最終獲得一家時尚品牌的行銷企劃職缺。她表示：「從改名字那刻開始，我對自己多了種期待，也更容易被看到。」

結語：文字亦是升遷的潛臺詞

職場競爭中，實力當然重要，但往往「能不能說好自己」才是破局關鍵。透過測字視角挑選貼切字詞，並與名字能量相呼應，不只能提升人我印象分，更能建立內外一致的職場信念體系。選字如選路，每一筆都可能通往不同的人生交叉點。

第七節　子女命名中的測字風水

命名即是預言：起名的心理投射

在華人文化中，命名從不僅止於辨識符號，更是一種對未來的期許與心理預設。根據心理語言學的觀點，名字中的每一筆、每一畫，都潛藏著父母的情感投射與文化認同，也映照著家族的價值觀與社會期待。而從測字角度切入，則更能拆解字形與字義之中蘊含的象徵訊息與風水能量。

字形對應家庭願景的潛語言

「文」、「哲」、「慧」、「書」常見於寄望學業；「志」、「傑」、「強」、「勝」則象徵企圖與行動力。當字形中出現「口」、「心」、「水」、「日」、「木」等部首時，亦各具其能量含義。例如「心」部代表情感與情緒掌控，「水」則連結柔性智慧與流動適應力，「木」則象徵成長與發展方向。因此，選擇適合的部件，即是為孩子鋪設一種命理的心理場域。

五行與八字的搭配原則

測字學中重視字的五行屬性與八字間的平衡關係。例如若命中火旺者，應避免使用屬火字如「炎」、「燮」、「煜」等，反而可用「水」、「涵」、「淳」、「波」等水屬性字來中和。同樣，金命孩童若過多金字，如「鋒」、「銘」，易造成性格過於剛強。風水師通常會依八字推算命格，再選取相輔相成的字形。

「單名」與「雙名」的象徵張力差異

傳統上，單名給人一種灑脫與個性強烈之感，而雙名則較顯溫潤與內斂。心理研究指出，雙名者在團體中較容易被接受，單名者則在創造性與自我表達上更為明顯。在測字中，雙名提供更多結構變化與互補空間，也較容易調和五行。單名則考驗用字的獨立力量與象徵完整性，需更慎重挑選。

選字忌諱與現代延伸

除了傳統上避免的負面象徵字如「病」、「敗」、「愁」、「苦」、「殤」等，現代父母也需注意用字是否容易被誤解、曲解或與負面文化意涵牽連。例如「梟」一字音似「消」，雖有聰明之意，卻易與不吉聯想牽引；「熙」雖光明熱鬧，若配上沉重姓氏則可能過旺不穩。現代命名應兼顧音義美感與社會語境。

家庭文化與名字風格的投射

研究顯示，不同社會階層與文化背景對命名風格有明顯差異。中產家庭傾向選擇文雅、帶古意的字，如「彥」、

「之」、「蕙」、「安」等；而創業者家庭則喜好「達」、「騰」、「峰」、「翔」等帶有高度與動能的字詞。這些名字背後反映了家長的社會地位認同與期望角色塑造。測字便可作為家庭無意識意圖的辨識鏡。

從命名看個性發展傾向

心理學者榮格 (Carl Jung) 曾言：「名字是一種原型，它總會在人的心靈深處發酵。」在實務案例中，我們也觀察到，名中帶「宇」者常對空間感、遠景有執著；名中含「晨」、「曦」者具備明朗與外放的性格；名中有「靜」、「涵」者則多帶自省與敏感傾向。透過測字進行分析，有助於理解孩子潛在性格面向與發展方向。

命名與親子關係的能量連結

選名不只是為孩子命運注入能量，也在無形中定義了親子之間的心理關係。若名字中選用與父母名字互補或呼應之字，如父名為「明」而子為「亮」，母名為「玉」而女為「珮」，便能在潛意識中創造連結感與歸屬感，並強化情感共鳴。這種名字間的隱喻結構，對家庭穩定亦有象徵效益。

真實案例解析

一位企業家為雙胞胎子女命名，男名為「宥承」、女名為「宥妍」。其中「宥」為寬厚，「承」象徵承接家業，「妍」為美好柔順，兩字雖共用一首字，卻各自展現性別與命運的差異方向。後續觀察中發現，兩名孩子性格與名字蘊意高度吻合，亦在求學階段展現相對應的特質。

命名的未來趨勢與 AI 輔助

近年隨著 AI 命名工具與字義資料庫的興起，越來越多家長開始結合測字、八字、社會語感等多重維度進行命名。例如「雲」、「寧」、「律」、「謙」等帶有現代風格、字意明晰又書寫優美的字詞逐漸受歡迎。AI 輔助不取代人為選擇，而是提供一種更精準與系統化的決策工具，讓命名成為家庭文化與心理建構的共同體驗。

結語：名字是生命劇本的第一頁

子女命名是人生初始的象徵設計，更是家庭情感、文化認同與命理智慧的交會點。透過測字觀點檢視名字，不僅能看見運勢流向與性格密碼，也有助於建構穩固的心理根基。慎選一名，猶如為孩子鋪就一條涵蓋天命與人力的成長大道。

第八節　房地產與地址字義分析

地點之名，不只是地址

在傳統風水學與現代測字學交會的語境下，「地址」並不只是地圖上的編號，而是包含自然地理能量與文化符碼的組合。住家、辦公室、商業場址的名稱與地址文字常牽動著風水磁場、運勢流動，甚至影響潛在的財富與人際關係。

門牌中的字象心理學

不少人在選屋時注意樓層或座向，卻忽略了門牌號碼所對應的漢字。例如「福」、「昌」、「榮」等寓意吉祥，往往讓人產生正面聯想；「敗」、「危」、「困」則令人不安。研究顯示，人類對語意與字形具有潛在反應，這種象徵意義會無形中影響居住者的心境與社交態度。

地名結構與陰陽五行對應

臺灣不少地名含有自然元素：「山」、「水」、「林」、「田」、「海」等，這些詞語皆與五行屬性相連。例如「水」屬陰，象徵流動與智慧，「山」屬陽，象徵穩定與支撐。選擇居住於五行互補的地名中，有助於調和個人命格。若命中缺水而住於「水源路」，或缺木而住於「竹林街」，即是一種無形的補運方式。

樓層與字義的聯想共振

雖然數字與漢字屬於不同符號系統，但因臺灣社會普遍有「諧音信仰」，常將樓層數字與吉凶字聯想連結。如「4」諧音「死」，「8」近於「發」，進而影響大眾對地址整體吉凶的判斷。若此數字再對應特定字義，則會加強或削弱其心理暗示效果。例如「四維路八段 88 號」會比「死巷八樓 4 號」更具心理優勢。

商用地點命名策略

商業空間命名常見「富」、「旺」、「昌」、「盈」、「騰」、「贏」等字詞，這些字皆具強烈的招財意象。但測字學中指出，過強的象徵也可能招致過度期望或氣場不穩。相對而言，帶有「衡」、「安」、「泰」、「潤」等平衡性質的字詞，反而能穩定經營能量，維持長期發展。

房地產案名與潛在心理牽引

建商在命名房地產案名時，若使用「御」、「天」、「鑽」、「尊」、「帝」、「苑」等字，意圖傳遞高端與稀有性，能吸引特定族群購買欲望。然而這些字也常讓潛在客戶產生距離感與壓力。反之，若使用「晴」、「森」、「樂」、「心」、「和」等生活取向之字，則更能吸引家庭客群與長住者。

社區名稱與住戶互動模式

心理學研究指出，社區名稱對居民的凝聚力與互動品質具有影響。例如以「青松」、「和風」、「鄰里」為名的社區，住戶之間更容易建立互助關係；而以「水晶堡」、「王者居」、「尊御天城」命名的豪宅社區，則常出現鄰里疏離感。測字學中認為，字義的向外象徵力量強時，內部凝聚就需更多社會設計來平衡。

真實案例解析

某社區原名「松柏堡」，入住率長期不振。後改名為「青禾社區」後，不僅名稱更貼近自然與家庭意象，也於門口加設「青」字書法匾額。半年內居民自發成立讀書會與守望相助隊，入住率迅速回升。由此可見，名稱不只是門面，更牽動心理與群體行為。

結語：讓字成為居所的守護符

住所的名稱與地址不只是登記資料，更是牽引氣場與心理認同的力量源泉。透過測字觀點解讀地名與地址字義，能協助我們更有意識地選擇與打造居住環境，讓生活空間成為真正的安身立命之地。

第九節　車牌與手機號碼的字象學

數字組合背後的語言意識

在臺灣，車牌號碼與手機號碼常被視為個人運勢的延伸。雖然本質上屬於數字符號，但華人文化中早已將其與語音、字義連結，形成強烈的吉凶聯想。測字學將這些編碼視為「現代符號姓名」，其組合所傳遞出的象徵意義，直接影響佩戴者的心理狀態與他人觀感。

數字對應的象徵語意

例如：

- 1：一，象徵獨立、自主、開始；
- 2：易，象徵平衡、協調；
- 3：生，象徵發展、成長；
- 4：死（諧音），易引發負面聯想；
- 5：吾，象徵自我、個性；
- 6：順，常視為吉數，代表順遂；
- 7：起、氣，象徵變動、激發力；
- 8：發，與財富密切連結；
- 9：久，代表長壽、長遠。

因此如「168」被解讀為「一路發」，或「1314」對應「一生一世」，這些皆為生活中實際存在的字象邏輯。

車牌號碼的氣場影響

車牌號碼如同移動的名片，除了法律辨識用途外，也隱含著使用者對自我的形象投射。舉例來說，一位企業主選擇「8899」為車牌，除象徵「發發久久」的財運寓意外，其對外也營造出穩定與資源充沛的印象。若出現「4444」則常被市場認為運勢較為不利，導致中古車售價甚至略低。

手機號碼的能量頻率

手機號碼不只是通訊工具，更成為人際連結的節點。在風水學與測字學的整合研究中指出，手機號碼中的數字排列與能量循環可能影響主人的社交磁場。例如數字頻繁出現「6」、「8」有助穩定合作關係，而多數含「7」、「9」的組合則容易吸引創新型機會但也易起波折。若序列中出現「13579」等奇數連號，象徵節奏跳動，適合業務與媒體行業；若為「2468」偶數結構，則有助穩定、理性判斷。

數字與部首象徵的交錯分析

雖然車牌與手機中以數字為主，但部分特殊組合會加入字母或代碼，例如英文字母「A」常與「安」相連，「S」對應「勝」、「上」；「Z」則象徵「終」、「止」。這些字母若與數字結合，如「A168」等，可產生更豐富的意象。測字學建議，如能將這些符號視為字的縮寫或隱喻來解讀，則能更立體地掌握其象徵脈絡。

實際案例觀察

一位擔任補教業經營者的林姓女教師，使用手機號碼為「09XX-688-168」，因連續三年學生報名人數穩定成長，她將此歸因於號碼中多個「8」與「168」組合所帶來的「順發」象徵力。她後續也在社群行銷中刻意強調此號碼的象徵意義，使得品牌記憶度顯著提高。

數字選擇與自我信念重建

選擇一組數字不單是實用問題，往往更像是一種心理契約。當使用者相信該組合能帶來財運、好運，便會形成一種正向期待與自我強化效應。這種效應即便無法以科學驗證，也會透過「選擇－相信－行動」三層路徑，實質改變個人的氣場與外部互動。

結語：用當代數碼語言重構文字命理

在測字學進入數位時代的今天，我們無須再拘泥於筆畫與部首的靜態解讀，而應將手機號碼與車牌號視為新型態的「數字姓名」。這些組合既是工具也是象徵，只要解碼得宜、運用得當，便能轉化為日常生活中不容忽視的心理能量場。

第十節　投資決策中的測字參考

文字選擇與財氣流動的潛意識連結

在進行投資決策時，多數人著重在市場分析與風險評估，然而從心理層面與文化象徵來看，選擇的詞語、文件用字甚至公司名稱，都可能在無形中牽引投資心態與成敗的方向。測字學在此扮演的是一種「語義風險」的解碼角色，協助我們在資訊過載的現代社會中，讀懂語言背後隱藏的象徵趨勢。

企業名稱與股價走勢的心理引導

投資人對一家企業的第一印象往往來自其名稱。以新創品牌「金裕科技」為例，公司名稱中「金」代表財富，「裕」象徵寬裕順遂，營造出正向豐盈的心理感受。雖然該公司當時仍處於研發初期，但其命名策略成功吸引眾多投資人目光，股價在上櫃初期即出現明顯上漲。這類「字面期待效應」實際上經常發生，顯示出名稱中的字義潛移默化地影響投資判斷。

文字使用習慣與投資心態連動

諾貝爾經濟學獎得主丹尼爾・康納曼（Daniel Kahneman）在其著作《快思慢想》中指出，人類決策受限於兩種思考系統：快速直覺與慢速理性。當人們在壓力或不確定中作出快速反應時，容易受語言暗示影響。例如在投資簡報中若頻繁出現「騰」、「飛」、「創」、「贏」等字眼，往往能激發風險偏好與行動傾向；相反地，如出現「穩」、「守」、「衡」、「退」，則較容易引發保守思維。這些用字不單是表層的裝飾語，而是影響決策者情緒與選擇的潛在驅力。

選擇基金或股票的命名參考

臺灣市場上許多投資商品如 ETF、基金、甚至投資平臺命名中，會故意導入吉祥字元。如「富邦」、「元大」、「國泰」、「永豐」等品牌即含有財富、穩定、宏觀的象徵。從測字角度觀察，投資者若命盤屬「金」，可優先選擇帶有「金」、「銀」、「榮」、「鑽」等字之商品名稱，作為一種心理對應與五行呼應的選擇方式。

簽署文件與決策時的字象對照

在實際投資操作中，無論是簽署契約、讀取報告或撰寫交易備忘，所使用的字詞皆可成為測字材料。舉例來說，一位經常在關鍵文件中以「機會」、「高點」、「轉型」等詞語落筆的投資人，其策略多偏重成長股與科技類股；而偏好使用「保值」、「資產」、「穩定」的投資者，則多集中於不動產或存債商品。這些選字傾向反映出內在風險取向，可供進一步盤點與調整。

個人名字與投資運勢的關聯

在命理測字學中，有些人透過改名來調整財運，這在投資領域亦有所展現。例如某位原名「志成」的保險業務，在改名為「展宏」後，自述客戶簽單數顯著提升，並開始進軍房地產與基金業務。測字分析顯示，「展」有開展之象、「宏」則為擴張之義，與其積極開發型策略相應。

實戰案例解析

一位創投顧問在建立投資品牌時原計劃命名為「穩利資本」，但在測字師建議下改為「衡富投資」，理由在於「衡」強調平衡而不單追逐利潤，「富」則與財運連結強烈，命名後半年內成功完成三筆新創募資。該顧問事後回饋稱：「這個名字讓對方感到安心，也讓我覺得更專注本業，不容易浮躁。」

文字象徵與財富心理學的交會點

財富不僅是數字的增減，也是一種心理秩序的建立。選擇什麼字來命名、書寫、決策，代表我們如何看待金錢、風險與未來。測字學提供我們一個語言化的投資鏡子，使人能在複雜多變的市場中找回語意的穩定座標。

結語：讓字象成為資產組合的一部分

投資過程中，理性分析與直覺判斷並重。若能將測字所揭示的象徵性與心理效應納入投資流程，不僅有助於自我認識，也能在資訊雜訊中辨識潛在訊號。換句話說，字，不只是語言工具，更是一種潛在的風險導航儀，協助我們在風雲變幻的金融世界中找到節奏與節制。

第十一節　家中掛字的方位與意義

字與空間的對話：從象徵進入日常

在風水與空間心理學中，文字不只是裝飾品，而是與居住者潛意識對話的重要媒介。家中懸掛的字畫、對聯、招牌或匾額，其內容與位置會直接影響住戶的情緒、行為乃至整體運勢。從測字學的觀點來看，這些掛字不僅可以反映主人的期望與價值觀，更可能形塑整體家庭的「語境場域」。

東方與木性相應：「生」、「綠」、「旺」字的運用

傳統五行中，東方屬木，代表生長、進取與新機會。若在家中東面牆壁懸掛如「生」、「發」、「榮」等字，或與木性相關的字（如「林」、「青」、「春」），可引導事業或學習上的成長動力。曾有一位補教老師在家中東牆懸掛「志在千里」，學生家長紛紛讚賞其積極風格，報名人數明顯提升。

南方與火性呼應：「光」、「陽」、「喜」字的啟動力

南方為火，象徵熱情、能量與表現。若居家空間南側懸掛如「喜」、「光」、「耀」、「進」等字，可強化家庭成員的自信與外向特質。例如，一對從事表演藝術的夫妻在南向陽臺擺

上「舞」字書法，據說演出邀約逐年增多，也更常登上媒體版面。

西方金屬方位：以「正」、「信」、「聚」穩定財庫

西方為金，與財富、決策及儲蓄有關。若在西面牆上懸掛「正」、「聚」、「金」、「信」等字，可強化家庭的理財紀律與投資判斷。某位女性理財顧問在家中西側書房掛「聚寶盆」書法，自述開業以來財源穩定，並常受邀參與投資講座。

北方屬水：引流與智慧的文字啟示

北方屬水，主流動、智慧與溝通。掛上「智」、「和」、「流」、「思」等相關字，可促進家庭成員之間的理解與情緒調和。一位從事心理諮商的父親在北面客廳懸掛「心流」二字，營造出平靜沉穩的家庭氛圍，也有助其接待來訪個案時的專業氛圍。

中央土位與平衡語彙的核心效應

居家中間位置為土，象徵穩定與整合。懸掛「安」、「穩」、「誠」、「中」等字於客廳中心或玄關，有助於形成空間的協調感。家族關係緊密者可選用「和」、「合」、「圓」，以此培養團結與互敬氛圍。

書法風格與心理暗示的雙重作用

除了字義本身，書寫的風格亦極具心理暗示力。圓潤柔和的字體（如顏體）多引導情感流動，適合用於臥室或兒童房；剛勁有力的書風（如歐體、魏碑）則富於行動意志與領導氣場，適用於書房或辦公空間。選擇書體時應配合空間功能與個人性格做整體考量。

避免的文字與象徵誤解

雖然大部分吉字都具有正面聯想，但仍需留意文化脈絡與個人解讀差異。例如「忍」雖有克己涵義，但放在夫妻房可能引發壓抑情緒；「發」若與易燃物搭配擺放在南方，可能在五行上產生過度旺盛的火金交戰，不利健康或關係。

真實案例：從「忍」到「圓滿」的轉變

有一對中年夫妻，原在臥房懸掛「忍」字多年，彼此間常因小事爭執又壓抑不言。後經測字師建議改為「圓滿」，並換上溫潤小楷書法，半年內夫妻互動明顯改善，連子女都說：「爸媽比較會笑了。」

掛字與命理相對應的原則

若住戶命盤中五行缺土，則可在中央位以土字根的字強化，如「堅」、「厚」、「坦」；若命中喜水，則北方掛「流」、「通」、「潤」等字可發揮補益效果。此種搭配須由專業命理師結合八字與空間布局協同設計。

現代應用：掛字設計與室內美學整合

隨著室內設計美學提升，許多現代居家會以極簡書法、裝置藝術或光影字畫取代傳統掛匾。但即使形式更新，其象徵效力仍在，建議選擇的內容仍應有清晰的心理寓意。例如用字「明」、「安」可作為閱讀角落的精神支柱，「信」、「穩」則適合放置於玄關作為迎客象徵。

結語：讓掛字成為情境與心境的橋樑

家不僅是生活的物理場域，更是心理與情感的載體。掛字，作為文字與空間之間的連結器，在視覺中植入希望、安定與祝福。懂得運用掛字的方位與象徵，就等於懂得為人生引入穩定的象徵語言。

第十二節
測字在現代心理諮商的應用

符號學與心理對話的交會點

測字，作為一種象徵解讀與心理投射工具，在當代心理諮商中逐漸展現其輔助價值。雖然它並非臨床診斷工具，但在進行初步溝通、建立信任關係及探索潛在心理模式時，具有高度的象徵意涵與對話開啟力。字的選擇與書寫方式，往往可反映當事人的內在焦慮、價值觀矛盾與未竟願望。

從自由書寫觀察心理傾向

在心理工作坊或諮商室內，諮商師可請來談者寫下最直覺浮現的一個字。這個字的結構、部首、筆勢與拆解邏輯，成為探索個人處境的線索。例如：一位情緒壓抑的青少年曾寫下「困」字，並將內部的「木」特別加粗。經拆解與追問後，他談到自己長期被家人期待成為醫師，但內心卻熱愛音樂，猶如「木」被四牆困住的感覺油然而生。

測字作為潛意識語言的載體

許多心理師指出，文字是人類內化最深的符號系統之一。當人難以用語言表述情緒時，書寫文字成為另一種潛意識出口。某些選字背後的動機，常超出當事人自覺。例如：一位經常感到孤獨的中年女性在工作坊中寫下「窗」，拆字為「穴」與「囱」，象徵對外連結與心靈封閉的交織。在心理師引導下，她終於談出長年在家庭中的疏離感。

個案訪談中的字象應用

除了自由書寫，諮商師也可從當事人名字進行象徵探索。舉例而言，一名自幼被冠以「安國」為名的男子，成年後常感肩負沉重責任、難以拒絕他人，經拆解「安」中之「女」與「宀」，及「國」的封閉框線後，理解到這個名字如同無形義務的召喚。他在覺察後，逐漸練習說不，並嘗試建立個人界線。

字義與創傷記憶的連動

文字有時也成為創傷的情緒觸發點。例如：一位經歷父親家暴的女性，在書寫中總避免與「力」、「打」、「壓」等字相關的字形，如「劍」、「強」、「戰」等。這種閃避選字的傾向，成為心理師理解其創傷反應與防衛機制的重要線索。

整合繪畫與書寫的治療實驗

在某些藝術治療場域，會結合測字與繪畫，鼓勵案主在一個字中自由創作圖像或重構筆畫。例如有個案將「家」字變形為屋中僅一隻小人站立，象徵家庭疏離與情感缺席。這種創造性解構，使文字超越語意，轉化為內在經驗的視覺呈現。

跨文化與測字的適應力

測字作為漢字文化圈中的象徵工具，主要適用於熟悉中文結構者。但其「象徵－拆解－投射－詮釋」的基本機制，亦可在多語文化中轉化應用。以臺灣原住民社群為例，改用族語象徵或圖騰記號亦能達成相似效果。因此，測字若納入心理諮商中，需尊重文化敏感性與語境差異。

真實案例：以字解痛，以字導心

某心理師舉辦一場名為「寫字，寫心」的團體工作坊，參與者須寫出一個反映當下心境的字。一位罹患重度焦慮的上班族寫下「逃」，筆畫雜亂、向右傾斜。在經過三週引導與回饋後，她最終將那個字改為「轉」，象徵她從逃避走向轉念，並開始調整工作壓力源與生活節奏。此類字的轉化歷程，不只是技巧改變，更象徵心理能量的重新流動。

心理專業的整合建議

測字可視為心理輔助對話的輕工具，適合用於團體帶領、初階探索、諮商互動熱絡期。但其詮釋需謹慎，避免單一結論或宿命式說法。心理師應以開放式提問引導案主自我詮釋，而非將字義視為絕對答案。

結語：從一字之變，看見心靈之流

在文字與心靈之間，我們看見了潛藏的渴望、創傷與希望。測字在現代心理諮商中所扮演的，不是預言未來的占術，而是一種回到自我、重拾主體性的過程。每一筆書寫、每一字選擇，都是心靈在尋找理解與療癒的軌跡。

第六章
破字與趨吉：
解災、轉運與心理釋放

第一節　字中凶兆如何判斷與化解

凶兆的判斷：不只是字形，更是心理映照

在測字的實踐中，所謂的「凶兆」並非單指字形的黑暗、破損或筆畫紛亂，更關鍵的是它在當事人生命經驗中所引發的聯想與心理反應。不同人對同一個字可能有截然不同的投射，例如「亡」字對失親者而言可能意味哀悼與遺憾，但對某些創業者則可能代表舊局終結、新局開啟的過渡階段。因此，凶兆字不能脫離語境與書寫者的生命階段來理解。

從結構看凶：形破、勢斷、內陷、閉鎖

字形中的凶象可從幾個典型特徵觀察：

- 形破：如「裂」、「病」、「碎」等字，其部件組合中常帶有切割、傾斜、不對稱等特徵，象徵關係破裂、人際決裂或身心失衡，意涵上傳達出斷裂與破碎的暗示。
- 勢斷：如筆畫中斷、筆勢無力，書寫「路」、「前」、「發」等字時若收尾潦草、收斂不明，暗示目標模糊、行動受阻。
- 內陷：如「困」、「閉」這類內部封閉、線條向內收縮的字，經常出現在焦慮、逃避、自責傾向者的測字中。

- 閉鎖：如「囚」、「監」等字含多重框線與關閉元素，象徵心理壓抑或外在限制無法突破。

真實案例：一個「痛」字揭開長年未解的內傷

一位中學輔導教師在期末壓力下參與團體諮商活動，被要求寫出一個描述內在狀態的字。她寫下「痛」字，筆畫特別重於「疒」部，且「甬」的部件明顯偏斜。經由心理師引導拆解後，她談出自己多年來長期扮演照顧者角色，卻從未面對自己內心的壓力。「疒」作為病的象徵，「甬」本為通道，如今失衡，恰是她覺得自己早已失去出口的寫照。

化解的方法一：書寫修復與轉化

面對凶兆字，首要原則非「避之唯恐不及」，而是「理解其來，自可轉化」。在實務應用上，有幾種方式協助當事人進行化解：

- 補筆法：對於斷裂的筆勢或缺角之字，可引導書寫者補上原應存在但被忽略的筆畫，例如「命」字若未寫出「口」部，代表失語與主體感低落，補寫即為自我重申。
- 替字法：將當事人重複書寫之凶字以近義字替代，例如將「病」字轉化為「癒」，「傷」轉為「護」，建立正向聯結。

- 書寫儀式：搭配吐納呼吸、靜心意念，讓字成為情緒釋放的媒介。如將「亡」字寫於紙上後焚化，象徵送別。

化解的方法二：字義重構與內在對話

文字既是文化產物，也反映心靈投影。在諮商中，引導當事人重新詮釋某字，亦是一種心理上的再建構。例如將「敗」視為「未竟之章」，而非永遠的失敗；將「病」視為「療癒的開始」而非絕望。這種語意重構，可結合正念取向治療（Mindfulness-Based Therapy），強化案主對內在狀態的接納與彈性應對。

民俗視角下的避凶字法

在臺灣的傳統民俗信仰中，也存在針對凶字的避用系統，例如：

- 於嬰兒命名時避免「孤」、「喪」、「淚」等意象字；
- 入宅或結婚喜帖忌用「終」、「別」、「失」等字詞；
- 於年節書聯與字畫中，常將「福」字倒貼，象徵化凶為吉。

儘管這些方式來自民間習俗，但其背後的心理邏輯，即是透過語言操控與象徵轉化，建立一種心理保護機制與集體儀式感。

結語：以筆為器，轉化為道

測字中的凶兆，不該被視為命定的預言，而是內心待釋放的訊號。透過觀察、理解與創造性轉化，原本的凶象便可成為轉機之源。書寫不只是記錄，更是一段心靈的自我療癒。當我們學會與字對話，也是在與自己的情緒和解。

第二節　災厄字的辨識與避用技巧

災厄字的文化成因與歷史脈絡

在漢字文化中，部分字因歷代傳承中與戰爭、疾病、死亡等事件連結，而被視為「災厄字」。這些字往往承載了社會集體記憶中的不安與創傷，長期累積後形塑出對其的潛在心理抗拒。例如「喪」、「殤」、「疫」等字，其形音義皆與重大災變相關，難以脫離負面語境。

災厄字的筆畫與結構特徵

辨識災厄字時，可從其結構與筆畫走勢進行分析：

- 骨架破損型：如「裂」、「碎」等字，其筆勢具明顯中斷、支離、無法連續之感，象徵崩解、分離。
- 閉鎖壓抑型：如「囚」、「困」、「監」，其字形有多層封閉框架，形成「出不去」的心理象徵。
- 重壓傾斜型：如「病」、「壓」等字，書寫時若上部沉重、下筆緩慢，顯示內心壓力或無力感。
- 異常組合型：某些災厄字由負面部件構成，如「死」由「歹」與「匕」組成，意涵象徵暴力與終結。

避用技巧一：語境轉移與替代書寫

若某字在特定場景易引起不適或誤讀，應避免直接使用，轉以近義或正向語義之字替代，例如：

- 「病」可換作「癒」、「康」以傳遞復原意象；
- 「終」可以「圓滿」、「結束」代替，減輕死亡聯想；
- 「痛」可換為「惜」、「悟」，導向轉化與省思。

避用技巧二：音義拆解與重組

除了字面更換，也可針對音義進行象徵重組，例如將「敗」字理解為「未完成之章」，強調轉機未必是終結。或將「喪」解構為「哀」與「去」，以儀式化的方式讓情感有出口而不致積壓。

避用技巧三：文字應用上的文化敏感度

在公文、廣告、產品命名等領域，需具備高度文化敏感性。應避免選用可能引起恐懼、誤解或消極聯想之字，特別是在以下幾種情境中：

- 婚喪喜慶、開幕賀詞；
- 醫療保健、心理照護領域；

- 學校與育兒環境；
- 宗教、風水、命理應用場合。

語言的心理暗示力量

災厄字之所以產生影響，除了視覺形式，更源自語言對潛意識的滲透作用。心理學家班度拉 (Albert Bandura) 指出，語言具備自我導向與自我規範功能，當我們重複接受某類語言訊號時，便可能內化為自我評價與世界觀的一部分。因此，避用災厄字不只是表層上的「吉祥話」習俗，而是一種潛意識心理保護策略。

結語：避用非避諱，而是創造空間

理解災厄字的文化背景與心理象徵，有助於我們在實際生活中進行適度調整與應對。避用並非代表逃避，而是為自己與他人創造更有彈性與包容性的心理語境。唯有認知其本質，方能善用文字之力，讓語言成為修復而非壓迫的工具。

第三節 小字轉運法：補筆與重寫法

補筆與重寫的文化基礎

在東亞書寫文化中，「筆」不僅是書寫工具，更是一種轉運的象徵性行為。補筆、重寫的作法歷來在民間祈福、轉運、消災的儀式中廣泛使用，特別是在書寫名字、祝賀辭或符文時，尤為重視筆畫的完整性與動態感。此舉不僅有形式上的意涵，更蘊藏深厚的心理釋放與自我暗示作用。

補筆的心理象徵意義

「補筆」常用於某字書寫不慎或缺漏時，透過補足筆畫的行為，象徵填補生命中未竟的部分。例如在寫下「康」字時，若下方的「隶」部略失平衡，補筆即可視為對身體健康的重視與修復。這種補筆動作，在心理學上可解釋為一種「修正性經驗」（Corrective Emotional Experience），即透過行動重新形塑過往的感受與信念。

重寫的轉化力場

「重寫」則是一種較完整的象徵儀式。當某字被認為承載不良意涵（如連續失敗的簽名、心境低落時書寫的字句），透過在紙上再次書寫，並可選用不同字義或改變筆畫方向與節奏，產生一種「重新賦權」的感受。此過程類似敘事治療中的「再敘述技術」，將舊有的負向故事重構為更有彈性與積極性的版本。

書寫節奏與身體記憶

補筆與重寫不僅關乎文字本身，也涉及書寫時的身體節奏與心理狀態。研究顯示，人們在手寫時的速度與筆畫曲線會影響腦內情緒中樞的活動。適度放慢書寫、延展筆畫，能讓書寫者進入穩定的節律與內在秩序，進而感受到自我掌控與情緒調節。

配合書寫時辰與心境

為增強補筆與重寫的效果，部分實踐者會配合特定時辰或靜心儀式進行。此類行為可視為「書寫禪定」，即以書寫為主軸的靜心行為，在特定空間與安定心境下，重新進行文字配置與筆畫塑造，達到類似冥想的心理安撫效果。

補筆與重寫的操作原則

- 慎選文字：選擇與所求目標對應的文字（如求財用「富」、「盈」），不宜使用語意模糊或兩義之字。
- 強調筆順與筆勢：建議依正規筆順書寫，以穩定節奏表現意圖，避免倉促潦草。
- 限定次數：一般以書寫三次、六次或九次為宜，象徵「三生有幸」、「六六大順」、「九九歸一」等吉意。
- 書寫用紙與位置：可用乾淨紅紙、米色紙張等吉祥背景，書寫完成後暫時張貼於書桌、床頭或書櫃旁邊，成為潛意識提醒物。

心理學的轉化解釋

心理學家卡爾·榮格（Carl Jung）曾提出「象徵性行動」的概念，認為人類透過可見的行為去整合潛意識中的不安與渴望。補筆與重寫，正是一種將心理願望具象化、行動化的過程，透過筆畫的調整與重新命名的過程，將內在焦慮轉化為可以掌控的圖像，進而產生安定與希望的心理狀態。

結語：小字即大道，書寫亦修行

補筆與重寫不應僅視為儀式化的「招財法」，其更深層的功能，是讓我們有機會透過筆觸重塑信念，將過往的缺憾或恐懼轉化為新的開始。當每一次書寫都成為一次心理的釋放與重構，文字便不僅是語言載體，更是自我修復與創造的起點。

第四節　用書寫儀式釋放壓力

書寫作為情緒釋放的儀式行動

在心理學與書寫文化交會之處，書寫被視為一種具備療癒潛能的儀式行為。透過將內在情緒、焦慮與壓力具象化為文字，書寫者得以將情緒從身心中「外移」，轉化為可觀看、可反思的象徵形式。這一過程，對於情緒自我調節與壓力紓解具有實質效果，亦被心理治療領域廣泛運用。

儀式性的空間與節奏設計

有效的書寫釋壓儀式，需配合安定的環境與節奏。例如可安排特定時段（如每日晨起或晚間靜心時），於不受干擾之空間，配合深呼吸、冥想或燃香等安撫感官的行為，營造出一種具有「儀式張力」的氛圍，使書寫行動進入專注與內觀的狀態。

文字與情緒的對應配置

選擇與當下情緒相應的文字進行書寫，如「憂」、「慮」、「煩」、「望」、「靜」、「清」等字，不僅可幫助情緒命名（emotion labeling），亦能激發內在共鳴。研究顯示，單純將情緒以文字表達出來，即可顯著降低杏仁核活動，提升情緒穩定度。這類象徵性文字，猶如情緒的符碼，可引導自我認識與轉化過程。

筆畫節律與情緒回饋

書寫節奏會直接影響情緒調節的品質。若以過快、緊繃的筆勢書寫，往往無法達成安撫效果。反之，若能放慢速度、拉長筆畫、加入圓潤與流暢的動作，則有助於建立穩定的心智節律。這類筆畫上的操作，其實可視為一種「筆觸冥想」技術，是具體而微的正念練習。

書寫與情緒日記的結合

許多現代心理諮商中會結合「書寫日記」技法，將日常壓力透過每日固定書寫釋放。例如透過「三行日記法」，簡單記錄當日三件心情事件，並以一字或一短語回應內心的情緒狀態。如此反覆練習，可強化自我觀察能力，並促進壓力釋放與內在資源的再建。

傳統與現代書寫儀式的整合

傳統文化中，諸如書符、寫願、燃字等皆屬書寫儀式的一環，其目的在於將意志與情緒投射於紙上，再透過燃燒、埋藏或懸掛等方式完成「情緒釋放」的流程。這些儀式行為在現代可轉化為：

- 寫下煩憂之事後撕毀，象徵放下；
- 將書寫的鼓舞字句張貼於醒目處，成為潛意識提示；
- 書寫後靜坐，並以呼吸覺察身體感受，完成「從文字到感官」的內化循環。

書寫釋壓的心理學解釋

根據心理學家詹姆斯．潘尼貝克（James Pennebaker）的研究，長期書寫情緒性文字者，其身心健康顯著改善，免疫力提升，壓力荷爾蒙減少。其所謂「表達性書寫」（expressive writing）理論，正好驗證了書寫作為心理釋放的實效性與科學基礎。

結語：在筆端找回內在秩序

當生活紛擾與情緒積壓使人難以釐清方向時，書寫儀式不僅是一種排解，更是一種重新組織自我感的方式。文字雖簡，筆勢雖輕，卻能穿透混沌，讓壓力有出口、讓心靈有回音。書寫，是心靈最溫柔的勞動，也是自我對話最溫潤的形式。

第五節 唸字與觀字的靜心修習

從發音進入靜定狀態：唸字的身心連結

在傳統修習與正念訓練中，「唸字」是一種特殊的集中技術。透過重複發音一個具有象徵意義的文字（如「安」、「靜」、「和」、「光」、「心」），可以協助心神進入更穩定的波動頻率。語音的震動透過聲帶傳至全身，成為一種內在的節律導引，也是一種音聲冥想。

觀字：凝視中的自我對照與沉澱

相對於唸字，觀字強調的是視覺聚焦。選擇一字作為「凝視對象」，將其書寫於紙上或掛於牆面，日常定時觀察。這種方式與現代心理學中的「視覺象徵焦點」類似，能協助心智穩定、情緒平衡。特別是當字形本身具結構穩定、筆勢平衡的特性時，觀字便成為一種視覺引導的冥想方法。

唸與觀的交互作用：雙通道靜心

當唸字與觀字結合，形成雙感官路徑的靜心系統。例如一面口誦「明」字，一面注視書寫在紙上的該字，將聽覺與視覺同時鎖定在單一符號上，能加速進入靜心狀態。這種技法常見於宗教儀式中，如佛教誦經、道教靜觀，亦可應用於現代心理訓練與情緒調節技術。

靜心字的選擇原則

並非所有文字皆適合作為靜心之用。建議選用筆畫簡潔、涵義正面、發音柔順之字，如「和」、「善」、「光」、「平」等，皆能引發穩定與開展的內在感受。反之，筆畫繁複或意涵衝突者，如「戰」、「毒」、「病」、「困」等字，不宜用於靜心練習，可能加深焦慮與分神。

從文化傳統理解字的振動頻率

漢字不僅是溝通工具，更承載著文化能量。古人對「字」之看法並非僅止於語言，亦視其為能導引氣場、轉化情緒的「符號載體」。這一觀點與現代心理語意學不謀而合，認為語言與象徵可反向塑造情感與行為。因此，在唸與觀字的練習中，選擇具有積極能量的漢字，即是在透過語意與圖像，引導內在情緒朝向正向運行。

現代心理實務中的應用案例

在臺灣某些心理輔導所中，已經引入唸字與觀字的技巧進行情緒調節訓練。例如在焦慮治療中，輔導員會請個案選擇一個與「安定感」有關的文字，每日早晚練習誦唸與凝視，並記錄身心狀態變化。這種簡單而重複性的作業，類似於正念呼吸練習，但多了語意與文化的力量支撐。

結語：文字即心象，觀照即療癒

「字」不只是筆畫堆疊的結構，更是一種心象的映現。當我們選擇某字作為內在觀照之所繫，便等於選擇了一種心理狀態的修習對象。無論是誦唸的聲音，或凝視的圖像，皆可引導我們回到心的中心，從紛擾的世界中尋得片刻寧靜。唸字與觀字，是靜心修習中的一條簡淨之路。

第六節　字與夢境的對應解析

夢中出現文字的象徵意涵

夢境作為潛意識的展演空間，其中的圖像、聲音與符號皆具深層象徵意義。當文字在夢中出現，尤其是特定的漢字，往往不僅是語言訊息的殘留，更可能是潛意識對某一心理狀態的表達。心理學家榮格 (Carl Jung) 指出，夢中的象徵圖像多半源自集體潛意識。而漢字本身因具象徵性與形象性，極易成為心理投射的載體。

從字形結構解析潛意識狀態

若夢中清晰可辨某一字，可先觀察該字的結構：是否破碎？是否偏斜？是否重複出現？這些訊號都可能反映夢者當前的內在狀態。例如夢見「困」字，可能暗示現實中受限或封閉的情緒；夢見「飛」字，可能反映潛意識中渴望突破現狀或逃避壓力。

筆畫多寡與情緒張力的關聯

若夢中出現筆畫繁多的文字，如「壓」、「懼」、「鬱」等，常見於壓力過重或情緒積壓時。相反地，夢中出現如「空」、

「清」、「水」等筆畫簡潔之字，則常代表潛意識欲求放鬆、流動、釋放。筆畫的繁簡可視為心理能量負載的反映，其在夢中表現即為心靈的語言編碼。

夢中反覆字與重複訊號

若某字在夢中不斷出現，或以不同形式變化（如「心」、「忄」、「恩」、「意」等），可視為潛意識試圖透過相近符號強化訊息的傳遞。這時應從這些字的部首、語義出發，分析背後的核心情緒主題。

夢中書寫行為的心理分析

有些人夢中會「寫字」，此類夢境尤其值得重視。夢中寫字代表潛意識試圖將模糊的情緒或未竟的認知具象化，象徵自我整合的努力。例如夢見寫下某人名字，可能代表對該人尚有未解的情感；夢見自己筆寫「錯」、「失」、「空」，則可能為內疚或焦慮的具象投射。

從傳統夢字占法到心理轉化

傳統民俗中有「夢字占」之術，會根據夢中所見之字進行解說與預兆推測，如夢見「火」主財來，「水」主情動，「門」主有變化。雖此類解釋多屬經驗式，但若結合現代心理分析，則可轉化為對當事人情緒模式與思維傾向的反思，提供自我覺察的契機。

字與夢境聯想練習的實務應用

在心理諮商與夢境分析中，可進行「字聯想練習」：請個案回憶夢中出現的字，書寫下來，然後分別聯想該字帶來的畫面、情緒與記憶片段，進而拼湊出潛藏的心理訊息。此法如同夢境拼圖，逐步還原潛意識的心理影像。

結語：文字之夢，夢之深語

夢中所現之字，既非偶然也非虛構，而是潛意識以象徵語言對自我所發出的暗語。這些字不僅承載情緒、記憶與期待，也可能是未竟願望或未解情結的心理縮影。學會傾聽夢中的字，即是學會傾聽潛意識的低語，而這正是邁向整合與療癒的重要起點。

第七節　測字與自我認知的整合

測字作為自我認識的鏡子

測字並非單純的占卜技法，它實際上也是一面心靈的鏡子。在選字、拆字、書寫的過程中，我們揭露了潛藏的心理傾向與情緒痕跡。當一個人下意識挑出某一字進行測解時，這個字往往並非無意義的隨機，而是象徵著其內在正在運作的某種心理機制。正如心理學家艾瑞克森（Erik Erikson）所言，自我認同是在不斷反思與選擇中建構的，而測字正是一種透過符號系統來覺察與選擇的過程。

從字義中發掘自我狀態

當事人在面臨困境時所選出的文字，常能精準映照其心境。例如「止」、「困」、「迷」、「變」、「明」、「轉」等字，在字義層面上已有方向與焦點之差異；若當事人自選此類字，就可推敲出其目前處境是受阻、徬徨還是渴望突破。這不僅反映了語意的選擇，更揭示了自我內部正展開的認知歷程。

筆畫與結構：視覺語言的心理象徵

除了語意，字形結構也蘊含心理象徵。例如筆畫封閉者，如「固」、「困」、「閉」，易與內向、壓抑、自我防衛傾向有關；而筆畫開放或向外發展者，如「展」、「飛」、「通」，則多象徵開放、表達、成長等特質。這種透過書寫視覺來映照自我的方式，與榮格提出的曼陀羅分析極為類似，皆為投射內心狀態至外部符號的心理技巧。

書寫行為中的心理訊號

在書寫測字的過程中，筆跡粗細、字體大小、重寫次數，皆是自我狀態的顯現。例如寫得極小者可能有壓縮、自我貶低傾向；而寫得過大、越界者，則可能潛藏不安、求肯定或控制欲。若個案重複擦拭重寫，代表其內在尚未穩定，正處於價值或情緒重整中。

自我敘事的象徵語法

心理學家麥克亞當斯（Dan P. McAdams）認為，自我認同建立在「自我敘事」之中，人透過對生命故事的建構來理解自己。而測字即為另一種「象徵語法」的自我敘事系統。透過測解一字之義、拆解其構造、解釋其意象，人便在重述自我處境的同時，重新框架自身所面對的問題與機會。

整合式測字：從片段到全貌

將測字運用於自我認知，不宜片段化操作。應鼓勵個案選字後，從筆畫、部件、語意、上下文關係等面向整合思考，逐步拼湊出字所映射的心理全貌。若能進一步結合其當下生活情境與過往經驗，則更能引導其覺察潛在信念與行為模式，進而進行深層改變。

諮商實務中的應用方式

在心理諮商過程中，輔導者可將測字作為啟動對話的投射媒介。例如：當來談者語言防衛較重時，讓其選字測解，往往能鬆動其意識防線，轉而以象徵語言探討自身議題。同時透過諮商師引導對選字的聯想、回憶與情緒反應，也有助於建立信任與深入對話。

結語：字是心靈的倒影

測字，不僅是古老術數的遺產，更是一種心理探索的工具。當我們以嚴謹、開放的態度來看待文字所承載的意義時，會發現其中蘊藏著自我了解的無限可能。每一筆、每一畫，都是內在世界的微光閃現；學會讀懂它，也就學會了傾聽自我最深處的聲音。

第八節　透過寫字進行心理療癒

療癒從筆尖開始：書寫的釋放力量

寫字是一種動作，也是一種思緒的流動。當我們落筆於紙張，不只是傳遞訊息，更是在外顯化內在的情感。心理學研究指出，透過具結構性的書寫練習，能夠有效協助人們釐清情緒、緩解壓力、重建意義（Pennebaker & Chung, 2011）。測字中的書寫，不止止於象徵解釋，更可作為一種有意識的情緒轉化練習。

測字作為「書寫療法」的文化版本

美國心理學家詹姆斯．彭內貝克（James Pennebaker）提出的「書寫療法」（Writing Therapy）已廣為應用於創傷治療、自我整合與悲傷輔導。在華人文化中，測字提供了一種獨特的文化語境，讓人透過選字、書寫與拆解的過程，映照自我狀態並尋求轉機。當我們將壓力、恐懼或未說出的情緒轉化為一個字時，這個字便承載了心理歷程的核心意象。

筆畫的節奏，心境的反映

書寫時的節奏與壓力，能映照書寫者的心理狀態。心理學研究顯示，在書寫壓力大的狀況下，人的筆畫通常會出現顫抖、過度用力或停頓現象，這與壓力引發的交感神經反應有關。透過反覆書寫、減慢速度與調整結構，可逐步達到穩定情緒與回歸自我的效果，這與正念書寫（Mindful Writing）的實務相通。

重寫字義：改寫內在故事的象徵行動

心理療癒往往涉及重新敘說自身經驗，而測字中的「重寫」正是一種隱喻性的再敘事。當來談者將某個象徵「封閉」的字（如「困」、「病」、「灰」）經由諮商過程重新演繹，或經引導轉為較具開展性的字（如「開」、「通」、「明」），其心境也有機會產生轉化。這不是強加的正向思考，而是經由筆尖與語意接軌的自我重組。

靜心書寫的操作方式

具備療癒效果的靜心書寫，建議可依循以下步驟：

(1) 在安靜空間內備妥紙筆，設定 20 分鐘不受打擾時間。

(2) 深呼吸三次後，閉眼思索現階段最在意的一個議題。

(3) 任選一字，書寫數次，記錄每次下筆的心情變化。

(4) 觀察該字的筆畫、結構與象徵意義，並寫下個人聯想。

(5) 若情緒穩定，可嘗試將該字重新拆解、重寫或與其他字結合構思未來方向。

這樣的過程，不僅促進情緒釋放，也加強對自我狀態的體察。

文化脈絡下的心理療癒接軌

許多心理學技巧在跨文化運用時常需調整語境與方法。測字的好處在於其本就深植於漢字文化脈絡中，與個人書寫行為密切相關，容易被華人接受。在臺灣的心理諮商場域，越來越多治療師開始嘗試將書寫與象徵性詮釋整合入對話之中，提升文化敏感度並增加諮商深度。

書寫療癒的未來展望

當測字逐漸從命理術數轉化為心理探索的工具，其書寫層面的療癒價值將愈發受到重視。未來可以結合藝術治療、敘事治療與正念練習，發展出更適切的文化書寫治療模式，既保存測字傳統的符號美學，也融入當代心理關懷的實證基礎。

結語：字的筆畫之間，是通往自我的路徑

療癒，不是將問題掩蓋，而是找到讓內心重回平衡的方式。透過測字與書寫的結合，每一筆書寫都可能成為一次修復。當我們專注於那一個字，也就給了自己一次重新理解自身的機會。

第九節　字的能量與靈性象徵

文字超越語意：從符號到能量的轉化

在許多東亞文化中，漢字不僅僅是書寫的工具，更被視為具有能量的符號體系。每一個字都蘊含形、音、義三重層面，而這三者結合所產生的象徵張力，構成一種能夠與人心共鳴的靈性載體。正因如此，許多書法作品或寺廟匾額中所懸掛的單字（如「佛」、「靜」、「德」、「壽」）被視為具有轉化場域氣場的力量。

筆畫結構中的動態場域

根據現代書法心理學的研究，筆畫之間的起承轉合，會對觀者產生情緒感染效應。例如：「永」字因為八法具足，從起筆到收筆的律動，具有高度完整性與內在秩序性，能傳遞出一種穩定、圓滿的心理感受。再如「心」字，其點、撇、橫勾三筆展現出的張力，能喚起觀看者對情緒與人際關係的直覺聯想。

靈性實踐中的字象選擇

在現代新時代靈性運動中，越來越多實踐者將測字與字象視為冥想與轉化的媒介。例如：在靜坐過程中持咒「空」、「靜」、「明」，或以「光」、「圓」、「合」作為觀想中心，都是透過文字轉化內在狀態的一種形式。這些字的選擇並非隨意，而是因其字義與結構蘊含正向、開展、無礙之意象，適合成為心靈對話的象徵媒介。

能量字的文化歷程與社會集體記憶

有些字之所以具有強烈的靈性能量，是因為長久以來被社會集體重複使用，形成集體潛意識中的正向符號。例如「福」、「安」、「善」、「仁」等字，在各種節慶、書法作品與祝福語中反覆出現，逐漸累積起一種文化的心理記憶。這種集體賦能的過程，也讓這些字成為被廣泛認定為「吉字」、「能量字」的依據。

書寫儀式中的靈性能動

除了字義與結構，書寫時的儀式性也會加強字的靈性象徵。當一個人專注地將字寫下，投入情感與意念，那個字便不再只是文字，而成為情感的容器與祈願的出口。在此意義上，書寫本身即是一種靈性行動，也是一場個體與宇宙秩序對話的儀式過程。

心理學視角的重新詮釋

從心理學角度來看，所謂的「字的能量」，實則是一種象徵性的投射機制（projection mechanism），字的形象喚起內在經驗與情緒連結，進而產生心理效應。榮格（Carl Jung）提出的原型（archetype）理論可作為解釋依據，例如「山」可能象徵穩定、「火」可能象徵激情，這些意象深植於集體潛意識中，被字形激發出來。

字的能量使用建議

若欲在日常生活中運用字的能量，可依下列方向進行：

(1) 選擇與個人願景相符的字，如「信」、「靜」、「開」等，作為書寫練習或擺設元素。

(2) 在冥想或靜心時，觀想單字形象，並搭配呼吸練習，強化字義的內在連結。

(3) 避免過度強調字的「固定」意義，而應著重個人當下的心理回應與情緒感應。

結語：字是一道通往深層意識的門

每一個字，都是一種形式的能量收納;透過書寫、觀想、感應，我們得以打開與內在更深層自我對話的通道。無論從文化、心理或靈性角度來看，字的力量從未衰退，它只是等待我們以新的眼光重新發現與應用。

第十節　民俗避邪字與其心理學解釋

避邪字的歷史起源與社會功能

在民俗信仰與歷史文化中，所謂「避邪字」泛指具有辟邪、鎮煞、安定氣場功效的文字。從漢朝的「太一」符令，到民間常見的「鎮」、「安」、「壓」等字，皆被視為具有「字即符」的意義。這類字經常出現在門楣、屋梁、墓誌或護身符上，其作用並非僅止於語意層面，而是一種信仰賦予的象徵力量。

常見避邪字的象徵構造

諸如「鎮」、「福」、「壽」、「靜」、「平」、「安」、「吉」等字，皆因其結構中含有穩定、圓滿或神聖意味的筆畫安排，而被認為具有驅邪的功能。例如「鎮」字左為「金」，象徵重物、穩固；右為「真」，有正氣不偏之意，合而為一，寓有正氣鎮壓之意。這類字體在文化演化中反覆出現，強化了社會對其護衛力量的集體想像。

進一步分析這些避邪字的內部結構，可以觀察其是否含有「正」、「中」、「門」、「心」、「山」等部件，這些部件不僅具有穩定、中心與保護的象徵含義，也與道教、儒家等思想中的核心價值有關。例如「安」字由「宀」與「女」組成，傳統認為女子安於家中乃家庭和諧之道，這種性別角色的文化象徵也滲入避邪概念之中。

心理學視角下的避邪機制

從心理學角度來看，避邪字實質上發揮的是「象徵認同與情緒穩定」的作用。當人處於不安、焦慮或災變之中，能透過書寫、觀看或懸掛這類具有明確指向性的字，喚起內心的秩序感與控制感。這與心理治療中常提及的「象徵轉化」機制相符 —— 透過具象事物承載抽象恐懼，進而產生心理的再組織。

以人際互動為例，在公共場所若懸掛「平」、「和」、「誠」等字，可促進環境中的情緒安定與心理暗示，潛移默化中提升互信與包容度。這種象徵字的選擇，不僅是審美與信仰的展現，也是環境設計的心理策略之一。

集體潛意識中的符號共識

榮格 (Carl Jung) 所提出的「集體潛意識」理論指出，人類文化中某些符號會跨越時代與文化被共同認知為有力的象徵。例如「劍」、「火」、「門」、「印」等元素在漢字中常與驅邪防禦相關聯。避邪字因此可視為一種文化「共象」—— 在潛意識層次達成意義共鳴，進而建立安全感與認同感。

「符咒」文化的廣泛流傳，也正是這種集體潛意識作用的展現。無論是張貼於牆面的「令」、「制」、「禁」等字，或護身符上刻印的「令」、「令之令」等格式，這些字之所以有影響力，正是因為集體文化賦予了它們特殊的效能。

書寫與懸掛行為的心理效應

將避邪字書寫、貼在門上或佩戴於身，也可視為一種「儀式化行為」。根據儀式心理學的研究，這些重複性行動可以強化自我效能感與心理邊界建構。在缺乏控制感的環境中，這類儀式行為尤其能提供「我已做出保護」的情緒補償機制，具有顯著的安撫作用。

從發展心理學角度來看，兒童階段所接觸到的「吉字」、「福字」環境，也會塑造其對世界的安全感與秩序感。例如過年張貼「春」、「福」字，不只是節慶儀式，也是建立文化歸屬感與情感穩定的重要過程。

現代觀點下的再詮釋建議

在當代社會中，避邪字的使用不再僅限於宗教與民俗場域，而被賦予更個人化、象徵化的意義。例如有些人會在辦公桌上貼上「靜」、「定」、「穩」字，以幫助自己專注；或在手機殼刻上「吉」、「順」等字以祈求平安。此種用法兼具文化根源與現代心理意義，是古老符號在當代生活中的延續與轉化。

此外，越來越多現代設計師與諮商心理師開始思考如何將避邪字整合進空間心理學與色彩心理學的系統中。例如：在兒童教室或冥想空間選擇字體飽滿、結構穩定的字，如「靜」、「心」、「守」，搭配低飽和度的色彩配置，以營造心理放鬆與安全的環境氛圍。

結語：字象與心象的交會

避邪字不單是文化的遺緒，更是心理適應的一種語言。它們喚起我們與秩序、安全、正向力量的連結，也提醒我們：在語言之上，還有一層符號的深層語境，值得我們細細體會與運用。文字不只是語音的載體，它亦可成為護持精神、安定人心的力量。將避邪字視為一種文化心理裝置，能幫助我們重新理解個人與環境、內在與外在之間的連動關係。

第十一節　測字與現代占卜整合應用

從符號語言到多元工具的融合

測字原本是一種基於文字結構與象徵意涵進行分析的古老術法，在當代占卜領域中，它與塔羅、易經、占星、靈擺等工具逐漸產生交集。這種交集不僅表現在形式的混合，更展現在背後共同的心理機制——即尋找意義、預測未來與理解自我的需求。

占卜學者曾指出，所有占卜法的本質其實是「心靈投射的象徵平臺」。測字作為漢字文化的象徵語言工具，具備天然的結構性與抽象性，能高度對應潛意識中的隱喻語彙，因此可自然地整合進現代占卜的語境中。

測字與塔羅的交互應用

當測字與塔羅結合時，可藉由塔羅的圖像象徵喚起主題，再以受測者隨機寫下的一字進行拆解分析，形成「雙重映照」的占卜結構。例如抽出「力量」牌後寫下「忍」字，測字師可從「刃」與「心」的拆解結構對應此牌中的內在控制與情緒能量，進一步導出個人對壓力處理的盲點或潛能。

這樣的操作方式強調文字與圖像的互補性，在心理學上有助於突破單一語言敘述的限制，使潛意識訊息以多重形式浮現，增加詮釋的層次與靈活性。

與占星學的整合潛力

另一種應用是在占星個案分析中，讓個案根據其太陽星座、上升星座等象徵意義，選擇與該象徵對應的文字，進行自我書寫與反思。例如巨蟹座象徵家庭與安全，個案可能寫下「家」、「穩」、「守」等字，由此進行結構拆解與象徵探索，引導個體理解其安全需求與家庭壓力的潛在張力。

此種操作已被部分心理占星師採用，並與榮格學派的主觀象徵詮釋相結合。透過書寫行為的引導，測字不再只是「預言」，而成為理解當下心理動力的橋梁。

易經與測字的共通與差異

測字與易經卜筮雖同源於東亞象徵文化，但兩者使用邏輯有所不同。易經強調陰陽轉化與變化之理，以卦象系統預測趨勢；測字則著重於文字本身的「象－形－意」結構與受測者的主觀投射。

然而，在現代實務中，兩者亦常融合。例如進行卦象占卜後，再根據卦象所啟示的核心問題，請個案寫下一字進行深入解析。如此一來，卦象提供了趨勢與背景，測字則補足了個體潛意識與心理細節的分析，兩者相輔相成。

整合帶來的應用優勢

綜合上述，測字與其他占卜法的整合具備以下幾點優勢：

- 強化心理共鳴 —— 不同媒介可刺激不同感知管道，增強解讀深度。
- 避免過度理性詮釋 —— 多重象徵有助於打破線性思維框架。
- 促進個案參與 —— 書寫行為具有主動性，有助於增強個體參與感與自我承諾。
- 提供治療延伸 —— 可延伸作為心理輔導或敘事治療的素材來源。

未來發展與專業訓練需求

在當代心理與占卜交會的趨勢下，測字作為一種語言象徵技術，仍具極大應用潛力。未來若能建立更系統的測字師訓練體系，例如結合文字學、符號學、心理學與臨床經驗，將有助於提升其學理深度與應用可信度。

此外，也建議與相關心理輔導專業建立合作機制，發展針對不同族群（如青少年、創傷康復者、職場轉職者等）的測字應用模組，提升其作為跨界心理工具的社會價值。

總結：測字的多元未來

測字不僅可視為一種古老術數，更是一種靈活的語言象徵詮釋系統。當它與現代占卜系統整合時，不僅賦予更多敘事張力，也喚醒人們對於「文字即世界」的深層感知。在這種跨界整合的潮流中，測字展現的將不只是預測功能，更是一種心靈探索的敘事技藝。

第十二節　測字的倫理界線與未來轉型

心理意圖與語言責任：測字的倫理基礎

作為一種結合語言象徵與潛意識投射的古老術數，測字在現代社會中逐漸被用於心理輔助、個人成長與職涯探索等場合。然而，隨著應用範疇的擴大，其倫理議題也隨之浮現。首要挑戰在於：測字結果是否可能造成個人心理負擔？是否有誤導、暗示、強化刻板印象的風險？

在傳統語境下，測字常與命理相連，帶有宿命預言的色彩，但若將此觀點無條件移植至現代心理領域，便可能造成個案的自我設限。以「字有凶兆」為例，若測字師未能建立適當的語言界線，可能使受測者強化負面期待，產生焦慮或自我貶抑，違背心理協助原則中的「促進自我效能感」核心。

非預測性語言的建構與實踐

為了化解此類風險，現代測字專業工作者逐漸倡導「非預測性語言建構」。也就是說，在詮釋一個字時，強調多重象徵性、開放性與個人主體詮釋，而非僅以吉凶、好壞作為評斷基礎。

例如，一個字若含「水」部件，傳統上可能連結情緒起伏與財運變動，但現代測字者可引導個案思考：「我最近的情緒狀態是否正如水一般浮動？這對我有什麼啟示？」如此不僅維持了詮釋的象徵性，也強化了主體對自我生命狀態的理解與掌控力。

保密原則與權力不對等

與所有心理介入技術相同，測字過程亦需尊重個案的隱私與主體性，特別是在親密關係、職場、人際衝突等議題上。測字師若未經同意公開分析結果，不僅可能侵犯個人隱私，更會因權力不對等造成心理傷害。

同時，測字的詮釋者往往被視為「具有解密能力」的一方，若未自覺其影響力，容易落入操控、引導、判斷的陷阱。現代測字實務應強調「同行」、「協助澄清」與「增能」等語言，避免「告知命運」式的單向關係。

避免將測字視為診斷工具

另一項常見錯誤，是將測字結果視為心理診斷依據。部分自學者可能誤將拆字結果與心理病理相連結，甚至任意判斷他人情緒狀態或心理困擾，這不僅無專業依據，更可能造成標籤效應，讓被測者產生羞愧、排拒或反向強化。

專業實踐中，測字應作為輔助工具，而非診斷性技術。其價值在於激發對自我狀態的反思與洞察，而非提供定論。因此，現代測字者需建立清楚的界線：不提供醫療建議、不暗示命定不變、不用語言強化恐懼。

未來轉型方向：專業化與跨域整合

展望未來，測字若欲長期發展，必須從民俗轉向專業，從術數轉向語言敘事與心理詮釋的中介角色。具體而言，可從以下幾方面進行轉型：

- 學術系統建構：建立結合文字學、語意學、象徵心理學、敘事治療等理論基礎的測字研究框架，提升其可學性與可驗證性。
- 培訓與倫理教育：制定倫理守則，納入基本心理知識與溝通技巧訓練，避免語言暴力、暗示錯誤與操控情境。
- 跨域應用開發：測字可與藝術治療、筆跡學、符號設計、品牌心理學等領域結合，發展更廣泛的文化心理應用版圖。
- 數位化發展：藉由 AI 與數據建模，建立可互動的測字介面，提供象徵解讀建議，亦可成為心理諮商的輔助平臺。

結語：語言的責任，象徵的未來

在資訊高度流通的時代，每一種語言工具都承載著文化與心理的雙重責任。測字作為以漢字為核心的意象閱讀技術，擁有深厚的文化潛力與心理價值，但若缺乏倫理自覺與專業機制，其發展恐會流於娛樂或過度神化。

因此，未來的測字實踐應建立在尊重個體、尊重不確定性與促進自我理解的基礎上，方能真正發揮其作為「書寫－閱讀－療癒」橋梁的力量，成為古老智慧與現代心理的交會點，也讓漢字文化的象徵深度得以在當代綻放。

電子書購買
爽讀 APP

國家圖書館出版品預行編目資料

測字心理學，字形、潛意識與人生的關聯解碼：重新詮釋《測字秘牒》，借鑑古代觀人智慧，描繪當代心理的符號圖譜 / (清) 程省 原著，顧玄一 改編 . -- 第一版 . -- 臺北市 : 崧燁文化事業有限公司 , 2025.08
面； 公分
POD 版
ISBN 978-626-416-678-2(平裝)
1.CST: 應用心理學 2.CST: 測字 3.CST: 占卜
177 114010262

測字心理學，字形、潛意識與人生的關聯解碼：重新詮釋《測字秘牒》，借鑑古代觀人智慧，描繪當代心理的符號圖譜

臉書

原　　著：(清) 程省
改　　編：顧玄一
發 行 人：黃振庭
出 版 者：崧燁文化事業有限公司
發 行 者：崧燁文化事業有限公司
E-mail：sonbookservice@gmail.com
粉 絲 頁：https://www.facebook.com/sonbookss/
網　　址：https://sonbook.net/
地　　址：台北市中正區重慶南路一段 61 號 8 樓
8F., No.61, Sec. 1, Chongqing S. Rd., Zhongzheng Dist., Taipei City 100, Taiwan
電　　話：(02) 2370-3310　　傳　　真：(02) 2388-1990
印　　刷：京峯數位服務有限公司
律師顧問：廣華律師事務所 張珮琦律師

定　　價：375 元
發行日期：2025 年 08 月第一版
◎本書以 POD 印製